国家社科基金重点项目成果（12AMZ003）

中共青海省委党校、青海省行政学院、青海省社会主义学院学术著作出版资助项目

青海藏族聚居区公共文化产品和服务供给研究

关桂霞 著

中国社会科学出版社

图书在版编目(CIP)数据

青海藏族聚居区公共文化产品和服务供给研究/关桂霞著. —北京:中国社会科学出版社,2017.11
ISBN 978 - 7 - 5203 - 1495 - 4

Ⅰ.①青… Ⅱ.①关… Ⅲ.①藏族—民族聚居区—文化产品—研究—青海②藏族—民族聚居区—公共服务—研究—青海
Ⅳ.①G127.44②D669.3

中国版本图书馆 CIP 数据核字(2017)第 277788 号

出 版 人	赵剑英	
选题策划	刘 艳	
责任编辑	刘 艳	
责任校对	陈 晨	
责任印制	戴 宽	

出　　版	中国社会科学出版社	
社　　址	北京鼓楼西大街甲 158 号	
邮　　编	100720	
网　　址	http://www.csspw.cn	
发 行 部	010 - 84083685	
门 市 部	010 - 84029450	
经　　销	新华书店及其他书店	

印刷装订	北京君升印刷有限公司	
版　　次	2017 年 11 月第 1 版	
印　　次	2017 年 11 月第 1 次印刷	

开　　本	880 × 1230　1/32	
印　　张	7.375	
插　　页	2	
字　　数	171 千字	
定　　价	46.00 元	

凡购买中国社会科学出版社图书,如有质量问题请与本社营销中心联系调换
电话: 010 - 84083683

目　　录

第一章 绪论

第一节 国内外文献综述

一 国外文献综述

（一）公共物品理论的起源

公共物品的思想最早可追溯到关于公共事务的研究。在西方学者的"纯公共物品"理论中，"公共物品"（public goods）是相对于"私人物品"（private goods）的一个概念。[①] 古希腊学者亚里士多德（Aristotle）在他的《政治学》中较早提出公共物品："凡是属于最多数人的公共事务常常是最少受人照顾的事务，人们关怀着自己的所有，而忽视公共的事务。对于公共的一切，他至多只留心对他个人多少有些相关的事务。"[②] 英国政治家托马斯·霍布斯（Thomas Hobbes）1651 年出版的《利维坦》中讲"一大群人相互订立契约，每人都对它的行为授权，以便使它能按其认为有利

---

① 袁雪松、卢璐：《纯度视角下公共文化产品供给机制探讨》，《常熟理工学院学报》（哲学社会科学版）2010 年第 9 期。

② ［古希腊］亚里士多德：《政治学》，吴寿彭译，商务印书馆 1983 年版。

于大家的和平与共同防卫的方式运用全体的力量和手段的一个人格"①。哲学家大卫·休谟（David Hume）1739 年在他的《人性论》中说明某些任务的完成对单个人来讲并无什么好处，但对于整个社会却是有好处的因而只能通过集体行动来执行。亚当·斯密（Adam Smith）1776 年在《国富论》中认为政府必须提供包括国防、司法行政机关、公共机关和公共工程等公共物品（服务）。② 约翰·穆勒（John Stuart Mill）、大卫·李嘉图（David Ricardo）、阿尔弗雷德·马歇尔（Alfred Marshall）、维弗雷多·帕累托（Vilfredo Pareto）、庇古（Arthur Cecil Pigou）、约翰·梅纳德·凯恩斯（John Maynard Keynes）、埃里克·罗伯特·林达尔（Erik Robert Lindahl）等若干经济学家对这一问题从各个方面作了研究和探索。如瑞典经济学家林达尔 1919 年曾在他的博士学位论文《公平的税赋》中使用过公共物品的概念。

（二）"公共物品"的多维视角

公共物品理论的开创性研究始于美国著名经济学家保罗·萨缪尔森（Paul A. Samuelson）。1954 年，他在《经济学与统计学评论》发表《公共支出的纯理论》一文，从消费特征角度给公共物品下了一个经典定义："每个人对这种物品的消费不会造成任何其他人对该物品消费的减少。"③ 1955

---

① ［英］托马斯·霍布斯：《利维坦》，黎思复、黎延弼译，商务印书馆 1985 年版，第 132 页。

② ［英］亚当·斯密：《国民财富的性质和原因的研究》，郭大力、王亚南译，商务印书馆 1983 年版，第 254、272、284 页。

③ 袁雪松、卢璐：《纯度视角下公共文化产品供给机制探讨》，《常熟理工学院学报》（哲学社会科学版）2010 年第 9 期。

年，在同一刊物发表《公共支出理论图解》，他又提出大多数的公共产品都存在某些"收益上的可变因素，使得某个市民以其他成员的损失为代价而收益"。由于认识上的不断变化，萨缪尔森关于公共产品的定义并不牢固，但他是"第一个能够严格区分私人品和公共产品，提出了纯公共产品定义的经济学家"①。"萨缪尔森从物品的竞争性和排他性特征出发，把物品分为私人产品和公共物品，即一个物品同时具有竞争性和排他性就是私人产品；反之，一个物品同时具有非竞争性和非排他性就是公共物品。"②

被誉为现代财政学（公共经济学家）之父的理查德·阿贝尔·马斯格雷夫（Richard Abel Musgrave），在萨缪尔森的基础上对公共物品的内涵作了进一步研究。1959年，他在《公共财政理论》中将价格的排他原则的非适用性引入公共物品的定义，将消费的非排他性、非竞争性作为界定公共物品的基本条件。在马斯格雷夫看来，"任何人都同等地消费，不管他是否为此付费。换言之，我们必须将联合消费与排他原则的不适用性结合起来"，提出"纯公共物品"的概念。他在萨缪尔森的公共产品理论之上提出了产品的三分法，即私人品、公共产品和有益品，在"非私人品"中又区分了公共产品和有益品，前者由于市场无法自发地提供公共产品的最优数量，是政府在尊重个人偏好的情况下提供的，后者是政府强制个人消费的政治经济

---

① 贾晓璇：《简论公共产品理论的演变》，《山西师大学报》（社会科学版）研究生论文专刊，2011年5月。

② 袁雪松、卢璐：《纯度视角下公共文化产品供给机制探讨》，《常熟理工学院学报》（哲学社会科学版）2010年第9期。

产品，带有消费的强制性。①

美国诺贝尔经济学奖得主詹姆斯·布坎南（James Buchanan），在萨缪尔森等人的研究基础上进一步提出"俱乐部产品"概念，对公共物品的非纯粹性进行细致研究，根据竞争性和排他性的区别，把物品划分为四类。一是私人产品，既有竞争性，又有排他性；二是公共资源，只有竞争性，而无排他性；三是俱乐部产品，只有排他性，而无竞争性；四是纯公共物品，既无排他性，也无竞争性。②

1956 年，查尔斯·蒂部特（Charles Tiebout）在《地方支出的纯理论》中建构了一个地方性公共产品模型，对地方公共产品供给的有效方式及条件进行了研究，提出"地方公共产品和市场上的私人品一样，纳税人可以通过用脚投票的方式充分流动，选择他们的偏好能得到最大满足的社区"③。随着西方学者认识的不断深化，对公共物品的解释的视角也日益丰富，如休·史卓顿等人从供给的角度对公共物品进行分析，"我们将所有那些其供给不是由个人的市场需求而是由集体的政治选择决定的物品即把任何由政府决定免费或以低费用供给其使用者的产品和服务看作公共产品"④。显然他是从供给而非消费的角度对公共物品定义的。因此产品的供

① 贾晓璇：《简论公共产品理论的演变》，《山西师大学报》（社会科学版）研究生论文专刊，2011 年 5 月。

② 袁雪松、卢璐：《纯度视角下公共文化产品供给机制探讨》，《常熟理工学院学报》（哲学社会科学版）2010 年第 9 期。

③ 贾晓璇：《简论公共产品理论的演变》，《山西师大学报》（社会科学版）研究生论文专刊，2011 年 5 月。

④ ［澳］休·史卓顿、莱昂内尔·奥查德：《公共物品、公共企业和公共选择》，黄邵辉等译，经济科学出版社 2000 年版。

给方式的决策也就同时决定了产品的"公共性"。所谓"公共"和"私人"只是指不同的供给方式而与物品的本身无关。只有物品的"公共供给"和"私人供给"而无所谓"公共物品"和"私人物品"的区分。

（三）"公共物品"的界定

由于"公共物品"这一概念的多维解析，拓展了"公共物品"内涵及外延的界定。第一，公共物品具有正外部性，或是具有正外部经济性的物品。如教育、医疗、社会保障等物品都有突出的正外部效用。第二，公共物品应属刚性需求。这种公共物品的需求无论从经济、政治、文化等角度而言是每个人所必需的，是市场不能调控的需求。如政府提供的政策、教育、医疗保健、社会治安、国防、博物馆、音乐厅、文化馆、电影院以及依托有形载体提供公共服务都是维系国家、社会正常运转不可或缺的。第三，公共物品是以私人物品相对应的概念。在相关理论，当谈到公共物品时，其中包含了公共服务；而谈到公共服务时，其中也谈到了公共物品。如萨缪尔森在说明公共物品时，所使用的例子有国防、安全、灯塔、交通设施以及科研与教育等。可见，两者是可以等同和相互替换的概念。第四，由政府供给的服务型公共物品派生、衍生的产品都属于公共物品。第五，现实中的公共物品是复杂的，政治制度、经济制度以及科学、伦理、文化、习惯等决定公共物品的边界，这个边界是动态的。公共物品是在一定社会经济条件下，以一定范围的社会共同需要为出发点，体现社会一般利益共享，为维护和促进其所依附社会经济制度发展和完善的产品。可见，公共物品不仅是社会的共同需要，推进利益共享，更是为了维护好促进其所依附社会的发展和完善。因此，公共物品更多地体现为一种制度安排与设计。①

综上所述，根据西方对公共物品概念及特性的研究，可以把公共物品表述为：在一定范围内，由集体公共选择的具有非排他性、非竞争性以及效用的不可分割的物品。公共物品划分为纯公共物品和准公共物品两大类。但现实中的公共物品是复杂的，公共物品在社会现实中具有的复杂特性是决定公共物品的分类以及不同公共物品供给的制度安排之基础。

二　国内文献综述

（一）"公共文化产品"内涵

由于对公共文化产品认识的视角不同，我国学术界对公共文化产品的解析也不尽相同。从经济学的维度看，公共文化产品是通过政府和社会共同努力，为满足公众文化需求，公共组织机构运用公权力和社会公共资源，向公民提供公共文化产品的服务行为及其相关制度与系统的总称。从管理学的维度看，公共文化产品是由代表公众利益的国家、社团、企业、公民等组织和个人以非营利性组织向社会公众或特定社会团体提供公共文化产品。从社会学的维度看，公共文化产品是由公共部门或准公共部门共同生产或提供，用于满足全体公民基本文化需求。从国家文化软实力的维度看，公共文化产品是国家文化软实力的重要载体。公共文化产品的文

---

① 杨静：《马克思主义视角下的西方公共物品理论批判性解读》，《教学与研究》2009 年第 8 期。

化传承、核心价值、文化生态形成国家的文化凝聚力，是文化软实力的核心要素；公共财政和社会资本投入公共文化产品的供给形成国家文化生产力，是文化软实力的基础要素；文化的创意能力，资源转换能力，文化科技体制机制创新形成国家文化创新力，是文化软实力的灵魂要素；文化产品内容的输出、国际文化交流等形成国家文化的传播力，是国家文化软实力的条件要素；文化设施、文化形象、文化体验等公共文化产品基础设施形成国家文化的整合力，是国家文化软实力的继承要素；文化管理、文化规划等公共文化政策法规形成国家文化的影响力，是国家文化软实力的表象要素。① 目前达成共识的表述是：公共文化产品是政府和公共组织机构运用公权力和社会公共资源，基于满足公民公共文化需求，保障基本文化权益，向公民提供公共文化产品的服务行为及制度与系统的总称。

（二）"公共文化产品"分类

依据西方公共物品纯度理论，有些学者提出我国的公共文化产品，可以分为纯公共文化产品和准公共文化产品。纯公共文化产品，主要指用于保障国家文化主权和社会稳定、展现国家文化形象、保护文化遗存、传承文化精神的文化产品和服务。准公共文化产品，其特点是具有一定的"非竞争性"但"非排他性"有变化，或者具有一定的"非排他性"但"非竞争性"有变化（袁雪松、卢璐）。② 有学者认为，

---

① 齐勇锋、李平凡：《完善公共文化服务体系提高国家文化软实力》，《中国特色社会主义研究》2012年第1期，第65—72页。

② 袁雪松、卢璐：《纯度视角下公共文化产品供给机制探讨》，《常熟理工学院学报》（哲学社会科学版）2010年第9期。

公共文化产品一般是指政府或其他组织作为投资主体生产出来的免费或无偿供相关社会成员或群体使用以满足其精神文化需求的物质形式。

公共文化产品主要包括两大类：一是以实物形态存在的产品，如图书馆、文化站、书籍、音像制品、字画等；二是以非实物形态存在的产品，如电影、音乐、舞蹈、戏剧等（刘淑兰，郑逸芳，韦娜）①。有学者认为，公共文化产品主要包括纯公益性文化产品和准公益性文化产品，其中纯公益性文化产品是指直接关系到国家文化主权、文化信息安全和社会稳定，与国家和民族文化创新、传承直接相关的文化产品。准公益性文化产品是指与国家文化主权、文化信息安全不直接相关的文化产品。这类文化产品在消费上具有私人产品的竞争性，在技术手段上难以实现排他性消费的服务和收费，应当采取由政府和市场混合提供的模式来向公众提供此类文化产品（于思瑶）②。联合国教科文组织在《世界文化多样性宣言》中也指出，文化物品及其服务"体现的是特性、价值观和观念，不应被视为一般的商品或消费品"，换言之，公共文化产品是不同于一般物品的公共产品。

（三）农村公共文化产品及供给现状

根据保罗·萨缪尔森对公共物品的定义，所谓的农村公共文化产品就是满足农村地区文化建设需要，在消费上具有非竞争性和非排他性的物质产品和服务。当前的农村公共文

---

① 刘淑兰、郑逸芳、韦娜：《福建农村公共文化产品供需状况的调查与分析》，《经济研究导刊》2011年第9期。

② 于思瑶：《公共文化服务体系研究综述》，《对外经贸》2012年第6期。

化产品主要有广播电视、电影、出版、报刊、互联网、文化演出、图书等（王红阳，王俊）①。农村公共文化产品可以被认为是政府或其他组织作为投资主体生产出来的免费或无偿供农村社会成员或群体使用以满足其精神文化需求的物质形式，主要包括两大类：固定性存在的公共文化产品和短暂性存在的公共文化产品，前者主要体现在农村公共文化设施方面，后者则主要包括表现为具有农村文化特色的文化活动。农村公共文化产品供给，主要是指政府或其他组织通过多种方式把上述两大类文化产品，免费或无偿提供给农村社区中的农民进行使用，从而满足他们在精神文化层次上的需求和欲望。从社会公共政策的相关理论来看，决定公共产品供给状况好坏的因素一般主要是由供给数量、供给资金、供给形式、供给人才以及供给的激励机制五个方面来决定的（亓堥）②。

有学者认为，农村公共文化产品是指建立在农村社区，满足广大农民群众需求的、市场不能提供或不能完全提供，具有强大正外部效应的文化设施、产品或服务。主要包括：（1）农村公共文化基础设施，如广播电视网络、农村数字化信息服务网络及其服务点，群众文艺活动场所（如电影院、剧院、文化活动广场、文化馆、图书馆、乡镇文化活动站、村图书屋、体育活动场所）等。（2）群众喜闻乐见的具有思想性、艺术性和审美观的各种社会性文化娱乐活动产品，

---

① 王红阳、王俊：《当前农村公共文化产品供给状况分析》，《理论界》2013 年第 12 期。

② 亓堥：《新农村建设与公共文化产品供给》，《人民论坛》2011 年 7 月中，总第 333 期。

如广播电视节目、电影、戏曲、歌舞演出，服务"三农"的图书、刊物、体育活动等。（3）提高农民思想道德素质和科技、文化、卫生水平的相关服务，如党和国家的各项政策、文明道德的宣传与教育，普法宣传、科技推广，科普培训、卫生保健常识宣传教育、信息咨询等（张天学）①。

对目前农村公共文化产品供给存在的问题，学界普遍认为：政府垄断使纯公共物品性质的文化产品供给总量不足，结构不合理，供给效率低下。准公共文化产品存在市场准入壁垒，资金来源单一，寻租现象普遍，导致公共福利损失。同时，政府对公共文化产品供给行为监管力度不够，再加上约束公共文化产品供给的相关法律法规缺失，导致对公共文化资源过度开发、掠夺性经营的现象大量存在。所以，政府有必要依据纯度对公共文化产品进行分类，从而确定不同公共文化产品的供给方式；要统筹城乡文化发展，建立以需求为导向的社会文化资源分配机制，提供适时和有针对性的农村公共产品；建立长期有效的监督约束机制，包括公共项目选择、实施、监督、评估等过程中的激励与约束机制的构建。

（四）公共文化服务及农村公共文化服务体系

1. 公共文化服务是政府基本公共服务的一项重要内容。2012 年 7 月我国发布的《国家基本公共服务体系"十二五"规划》，对基本公共服务的概念和范围做了界定。《规划》指出："基本公共服务，指建立在一定社会共识基础上，由

———————

① 张天学：《农村公共文化产品的供给现状分析及对策建议》，《农村经济》2010 年第 6 期。

政府主导提供的，与经济社会发展水平和阶段相适应，旨在保障全体公民生存和发展基本需求的公共服务。享有基本公共服务属于公民的权利，提供基本公共服务是政府的职责。基本公共服务范围，一般包括保障基本民生需求的教育、就业、社会保障、医疗卫生、计划生育、住房保障、文化体育等领域的公共服务，广义上还包括与人民生活环境紧密关联的交通、通信、公用设施、环境保护等领域的公共服务，以及保障安全需要的公共安全、消费安全和国防安全等领域的公共服务。"① 此外，规划用专门章节对公共文化服务做了安排，提出要"围绕建设社会主义核心价值体系和满足城乡居民精神文化需求的要求，坚持公益性、基本性、均等性、便利性，建立健全公共文化服务体系，扩大公共文化产品和服务的供给"。② 由此可见，公共服务与国家和政府是紧密相连的，没有公共权力和公共资源介入的服务就不能称之为公共服务。

2. 公共文化服务有广义和狭义之分。广义上的公共文化服务，"简单地讲就是为满足社会的公共文化需求，由公共组织机构使用公共权力与公共资源，向公民提供公共文化产品的服务行为及其相关制度与系统的总体，它是公共服务体系的有机组成部分"（毛少莹）③，它是由公共文化基础设施、公共文化产品、文化法律法规、文化市场监管行为等共

---

① 《国家基本公共服务体系"十二五"规划》，中央政府门户网站（ht-tp：//www. gov. cn，2012 – 07 –20）。

② 同上。

③ 毛少莹：《论公共文化服务中的共同治理结构》，载陈威《2008 年深圳文化蓝皮书》，中国社会科学出版社 2009 年版，第 50 页。

同组成的一个动态系统。狭义上的公共文化服务则是指"区别于以一般市场手段提供的文化商品（产品即服务）的文化类公共物品和服务"（张晓明，李河）①，如"公立博物馆、艺术馆；公立图书馆；公共文化信息服务（如文化网站、咨询电话、公益性广告等）；重要的高雅艺术场馆；著名的剧场、音乐厅等）；重要艺术团体；重要艺术展览；重要艺术节庆；重要对外文化交流；传统艺术；文物古迹等文化遗产；传统节庆；中小学艺术教育；专业艺术教育"（李景源，陈威等）②。

3. 公共文化服务是指由公共部门或准公共部门共同生产或提供的，以满足社会成员的基本文化需要为目的，既给公众提供基本的文化享受，也维护社会生存与发展所必需的文化环境与条件的公共产品和服务行为的总称（陈威）③。公共文化服务是指以政府部门或准公共部门向公民提供公共文化产品与服务来保障公民的基本文化生活权利的制度和系统的总称，包括公共文化服务设施、资源和服务以及人才、资金、技术和政策、保障、机制等方面内容（于思瑶）④。

4. 公共文化服务是指目标界定于保障公民的基本文化生活权利，以政府为主导、社会参与，向公民提供公共文化

---

① 张晓明、李河：《公共文化服务：理论和实践含义的探索》，《出版发行研究》2008 年第 3 期，第 5—8 页。

② 李景源、陈威等：《中国公共文化服务发展报告》，社会科学文献出版社 2007 年版，第 117 页。

③ 陈威编：《公共文化服务体系研究》，深圳报业集团出版社 2006 年版，第 4 页。

④ 于思瑶：《公共文化服务体系研究综述》，《对外经贸》2012 年第 6 期。

产品与服务的制度和系统的总称。它涵盖了广播电视、电影、出版物、互联网、演出、文物、社图和哲学社会科学研究等领域。从我国农村公共文化服务供给体系来看，在传统计划经济体制的影响下，我国农村的公共文化产品和服务往往都是由政府垄断。这造成了农村的公共文化资源无法均等配置，有限的资源其利用率也较低；农村文化设施建设十分简陋且地区间发展不平衡现象也较突出（李少惠，王苗）①。

5. 公共文化服务是由社会公共部门和准公共部门共同提供的，为满足社会公众基本文化需求，实现公民基本文化权利所必需的文化环境与条件的公共产品和服务。它具有公平性、公益性的特点，农村公共文化服务的受益对象是全体农民，服务内容主要包括农村娱乐性服务、科技知识性服务、文化信息性服务（肖蓉）②。

6. 公共文化服务体系是指以政府为主导，以公益性文化单位为骨干，以技术、资金、人才和网络为保障和支撑的，并进行运行评估的多方积极参与下的公共文化产品与服务的供给和管理等一系列活动的总称（王晴）③。公共文化服务是指为保障公民基本文化生活权利和基本文化需求，由政府主导和社会力量参与构成的多方供给主体向社会公众提供公

① 李少惠、王苗：《农村公共文化服务供给社会化的模式构建》，《国家行政学院学报》2010年第2期。
② 肖蓉：《论新农村公共文化服务长效机制创新》，《商业时代》2011年第1期。
③ 王晴：《公共图书馆参与公共文化服务体系构建的SWOT分析及对策研究》，《天津商务职业学院学报》2013年第1期。

13

共文化产品与服务的总称，围绕公共文化服务形成的一系列制度与内容构成公共文化服务体系，它的外延结构内含了公共文化服务的组织支撑体系和供给体系（刘吉发，金栋昌，陈怀平）①。

7. 农村公共文化服务体系是指满足农民基本文化需求，保障农民基本文化权利，由政府主导、社会和市场参与而形成的农村公共文化服务投资融资体系、供给体系、绩效评估体系等方面的总称（张良）②。如何完善农村公共文化服务体系，学界的普遍观点是，政府要转变服务理念，承担起在农村公共文化产品供给中的主导作用，以制度设计保障农村公共文化产品的合理投入，从根本上改变城乡"二元"的公共文化产品供给政策。还有学者从政府、市场、社会等多方关系出发，提出"政府要加大对农村公共文化服务的投入""创新对农村文化服务机构的管理"，调动民间文化组织参与农村公共文化服务，"在农村文化服务上充分发挥市场的作用"的观点（张天学，阙培佩）③。

从学界对农村公共文化产品、公共文化服务体系等基本问题的研究来看，尽管文字表述不尽一致，但没有根本性分歧。这些成果为我们继续深化这方面的研究提供了一定的基础。但是，研究也存在明显不足，如对农村公共文

---

① 刘吉发、金栋昌、陈怀平：《文化管理学导论》，中国人民大学出版社2013年版。
② 张良：《政府主导、社会参与、市场配置：农村公共文化服务体系建设的理想模式》，《理论与现代化》2012年第4期。
③ 张天学、阙培佩：《我国现行农村公共文化产品供给的制度困境与对策》，《理论月刊》2011年第5期。

化的研究，系统性的理论研究不够，至于学界对我国民族地区公共文化服务问题的研究，虽然也形成了一些成果，但专门针对民族地区公共文化产品及服务供给的文章鲜见。索晓霞，蒋萌在《试论民族地区公共文化服务体系建设的特殊性》中认为，学界对公共文化服务一般性问题的研究较多，对少数民族地区公共文化需求特殊性和复杂性的研究较少。结合民族地区民族构成、人口构成、文化构成和复杂的地理环境来进行公共文化服务体系构建的研究仍有待深入①；孙健在《西北民族地区农村公共文化服务体系的完善——以青海为例》一文中，对西北民族地区农村公共文化服务的特征、青海农村公共文化服务体系建设中面临的主要问题以及解决的思路提出了看法，但依然是泛而论之②；鲁占奎在《青海省公共文化建设存在的问题及对策》一文中，对青海省公共文化服务建设基本现状从"公共文化服务体系已基本形成""公共文化文艺创作服务基本满足群众需求"两个层面进行了分析，提出了目前存在的问题和解决对策③，但该文主要是从青海省一般性情况来举证分析的，没有多少针对青海藏区的研究。本书涉及的研究区域和研究主题，目前学界还少有涉足，其学术空间和实践诉求也正是基于此。

---

① 索晓霞、蒋萌：《试论民族地区公共文化服务体系建设的特殊性》，《贵州民族研究》2012 年第 4 期。
② 孙健：《西北民族地区农村公共文化服务体系的完善——以青海为例》，《青海社会科学》2011 年第 2 期。
③ 鲁占奎：《青海省公共文化建设存在的问题及对策》，《攀登》2014 年第 5 期。

第二节　研究背景与研究过程

一　研究背景

文化是推动社会经济发展的重要杠杆，代表着一个国家、一个民族的文明程度和综合实力。特别是在价值多元、文化多元的全球化时代，文化更是体现着国家的"软实力"，反映着国际竞争力。美国新制度学派代表人物加尔布雷斯（Galbraith）认为，"随着人们收入和生活水平的提高，人的初级的、物质层面的消费需求得到满足后，人就会产生更高层次的精神文化消费的需求，消费结构将会从温饱型向享乐型和发展型转变"[①]。当今，我国综合国力已位居世界第二，到 2020 年将全面建成小康社会，经济的强大使公共文化的发展具有了坚实的物质基础，从公民个体情况看，在基本的生存与发展需求得到满足后，对于精神生活的追求越来越旺盛，国家公共文化服务在保障公民基本文化需求的基础上，将向满足更高文化需求迈进。

文化是人类社会发展的基石，"公共文化是文化的一种特殊范畴，在精神品质上具有整体性、公益性、公开性等特征，它培养人们的公共观念、群体意识以及社会归属感"[②]。2005 年，中共中央办公厅、国务院颁发《关于进一步加强农村文化建设的意见》，将新时期农村文化建设提高到国家

---

① 朱云、包哲石：《我国公共文化服务市场化视阈下的政府规制研究》，《世界经济与政治论坛》2013 年第 3 期。
② 夏洁秋：《文化政策与公共文化服务建构》，《同济大学学报》（社会科学版）2013 年第 1 期，第 62 页。

战略的高度,2007 年 10 月 15 日召开的党的十七大,提出推动社会主义文化大发展大繁荣的重大战略任务,其后党的第十七届六中全会专门形成《中共中央关于深化文化体制改革推动社会主义文化大发展大繁荣若干重大问题的决定》,强调:加强公共文化服务是实现人民基本文化权益的主要途径。必须完善覆盖城乡、结构合理、功能健全、实用高效的公共文化服务体系,让群众广泛享有免费或优惠的基本公共文化服务。[①] 党的十八大报告明确指出:"全面建成小康社会,实现中华民族伟大复兴,必须推动社会主义文化大发展、大繁荣,兴起社会主义文化建设新高潮,提高国家文化软实力,发挥文化引领风尚、教育人民、服务社会、推动发展的作用。"[②] 要"加强重大公共文化工程和文化项目建设,完善公共文化服务体系,提高服务效能"。党的十八届三中全会进一步强调,构建现代公共文化服务体系,要建立公共文化服务体系建设协调机制,统筹服务设施网络建设,促进基本公共文化服务标准化、均等化。2015 年 1 月 12 日,中共中央办公厅、国务院办公厅发布《关于加快构建现代公共文化服务体系的意见》指出:"在新的形势下,构建现代公共文化服务体系,是保障和改善民生的重要举措,是全面深化文化体制改革、促进文化事业繁荣发展的必然要求,是弘扬社会主义核心价值观、建设社会主义文化强

[①] 《中共中央关于深化文化体制改革推动社会主义文化大发展大繁荣若干重大问题的决定》(单行本),人民出版社 2012 年版,第 23—24 页。

[②] 胡锦涛:《坚定不移沿着中国特色社会主义道路前进为全面建成小康社会而奋斗》(单行本),人民出版社 2012 年版,第 30 页。

国的重大任务。"①

本书以党和国家公共文化建设的精神和要求为指导，围绕"青海藏族聚居区公共文化产品和服务供给"相关问题进行研究，无论是在理论上抑或实践层面，都具有十分重要的意义。

"青海是除西藏以外国土面积最大的藏族聚居区，有6个藏族自治州，藏族人口137.5万人，占全省总人口的24.44%，约占全国藏族人口的1/5。藏区面积占全省总面积的96.6%，约占全国藏区面积的1/3。"② 由于地理环境、历史积淀、政策条件等因素的制约，藏区经济社会发展相对滞后，特别是公共文化产品和服务供给问题凸显，已成为新农村（牧区）建设和全面实现小康社会目标的瓶颈。对此，我们必须站在国家发展的全局高度来认识。青海藏区不仅在资源开发续用和生态保护方面具有重要的战略地位，在文化建设、社会和谐稳定等方面，同样举足轻重。青海和西藏唇齿相依，在经济文化、社会历史等诸多方面相近相似。相同的地域、相同的民族、相同的宗教信仰，使其形成了一个密不可分的特殊经济文化圈。由于青海处于汉藏文化的交汇地带，可以对西藏产生直接影响。长期以来，青海藏区一直是达赖政治集团分裂渗透的重点区域，保持青海藏区的稳定，自然对支持西藏的反分裂斗争具有极其重要的作用。在谈论藏区的发展时，人们多聚焦在政治、经济和生态方面，对文

---

① 中共中央办公厅、国务院办公厅印发：《关于加快构建现代公共文化服务体系的意见》（中办发〔2015〕2号），第2页。
② 关桂霞：《青海民族关系发展态势研究》，《青海民族大学学报》（社会科学版）2013年第4期，第68页。

化软实力的作用还缺乏足够的认识和实践，尤其是公共文化产品和服务供给方面，与内地发达地区有很大差距。国家"十二五"时期发展战略，为青海藏区文化的大发展大繁荣提供了良好的实践契机，本书就是力图通过对青海藏区公共文化产品的内涵与结构、政府服务供给的价值目标与体系模式等核心问题的研究，梳理和架构符合民族文化特点与农牧区实际的发展思路和实践路径，在研究特殊性中发现具有时代共性的问题，在时代的共通性中尊重个性差异，以期为青海藏区公共文化建设方面的理论研究和政府有关部门的决策提供一定的参考。

二　研究过程

本书以马克思主义的辩证唯物主义和历史唯物主义为方法论指导，在以本学科的理论与方法为基础进行研究的同时，借鉴了公共经济学、公共管理学、民族社会学、宗教社会学等学科的理论、观点以及研究视角进行研究，查阅了大量相关研究文献，以期最大限度地避免研究思路、研究视角的主位性、单一性、片面性。

从调查的区域看，我们实地调查的地区主要有：（1）青南藏区，玉树州以玉树县（现改为市）和囊谦县为重点，果洛州以大武地区、玛沁县、达日县为重点，黄南州以热贡地区为重点；（2）海西州以州府所在地和格尔木市、天峻县为重点；（3）海南地区以共和县、贵德县、同德县为重点；（4）海北地区以海晏县、刚察县为重点。由于青海藏区地域广阔，特别是青南牧区高寒缺氧，路途遥远，这给实地调研带来了诸多不便，尽管课题组的成员克服种种困难，尽可能多调研一些地方，但很难尽如人意。对于未能实地调查的地区和需要进一步了解的问题，我们通过其他途径尽量弥补，如对来青海省委党校、青海省行政学院、青海省社会主义学院参加培训的各类、各级学员进行访谈，召开专题座谈会，了解基层的情况以及他们的看法，获得了许多有益信息。

调查方式主要采用的典型个案调查、座谈会、入户访谈等。其中，对当地村一级干部和一般牧民采取的是入户访谈，由于语言交流所限，同被访对象交谈的内容都是借助当地贯通双语的干部来传递的，这既是调研得以进行的条件，也是研究中的一个软肋，因为再精到的翻译都会因翻译者自身知识储备、理解角度甚至偏好而打折扣。不过俗话说得好"耳听为虚，眼见为实"，每到一地的实地观察和感受是我们最大的收获。

第三节　框架结构与研究重点难点

一　框架结构

本书研究地域虽然仅限青海藏区，但"公共文化产品和服务供给"本身就是一个宽泛庞杂的话题，这点在初期研究时估计不足，当开始调研并进入实质性研究时，才体会到"无知者无畏"的妄为。所以，基于专业结构和研究能力，本书共设计为七章，各章结构和内容安排如下。

第一章：绪论。主要包括国内外文献综述、研究背景与研究过程、框架结构与研究重点难点。

第二章：青海藏族聚居区自然环境与社会人文特征。主要包括青海藏区自然地理环境、人文背景与主要特征、社会经济发展总体评价。

第三章：青海藏族聚居区公共文化产品特质与功能。主要从公共文化的一般性和青海藏区的特殊性进行比较，分析了公共文化产品特质、公共文化产品功能。

第四章：青海藏族聚居区公共文化产品供给能力。主要从"一般性分析""六州实景扫描""共性问题"进行实证研究。

第五章：青海藏族聚居区公共文化服务体系。主要由政府公共文化服务理念、政府公共文化服务保障、政府公共文化服务差距等内容构成。

第六章：青海藏族聚居区公共文化产品和服务供给模式探讨。主要阐述了政府提供公共文化产品和服务供给的价值目标、公共文化产品服务供给的国内外借鉴、青海藏区公共文化产品和服务供给多元化模式探讨。

第七章：青海藏族聚居区公共文化产品和服务供给的制度设计。主要讨论了公共文化服务均等化的制度保障、公共文化服务能力提升的路径选择和需要处理好的几种关系。

二　研究重点难点

（一）研究重点

在上述介绍的七大部分内容中，研究的重点问题是：

1. 从公共经济学、公共管理学的一般理论，阐释公共物品与公共文化产品的界定与分类；

2. 从学理和和现实层面研究青海藏区社会经济发展的阶段性特征及与公共文化发展的内在关联性；

3. 从青海藏区公共文化产品的特质与功能入手，探讨藏区公共文化建设的特殊性；

4. 从青海藏区基本公共文化发展水平，探讨政府公共文化产品和服务供给差距与纠偏机制；

5. 从借鉴国内外经验入手，探讨青海藏区公共文化产品服务供给的模式建构与生成机制。

（二）研究难点

1. 青海藏区政府推进平等公共文化权利的制度保障与政策工具；

2. 青海藏区公共文化产品和服务供给主体多元化合作路径；

3. 草原文化或游牧文明与公共文化建设的互动关系；

4. 特定民族、特定宗教文化背景下，公共文化产品选择的价值判断。

需要特别说明的有三点：其一，书中各章标题都冠名为"青海藏族聚居区"，行文中为了简练，均简称为"青海藏区"。其二，公共文化服务涵盖面十分广泛，本书研究的主要是"基本公共文化服务"范畴问题。其三，本书的研究，都是在某一个时间点上进行或完成的，研究过程中使用的材料和数据，无法与实际情况完全同步，从这个意义上讲，书中提出的一些问题和一些看法，都只能是一种相对的认识。所以，本书研究的问题抑或提出的观点，只是为以后的研究提供一定的基础，涉及的许多问题都需要进行长期深入的观察研究。特别是要根据《国家基本公共文化服务指导标准（2015—2020 年）》《公共文化服务保障法》（2017 年 3 月 1 日起施行）和《青海省基本公共文化服务实施标准（2015—2020 年）》进行深入研究，这些都使得青海藏区公共文化建设有了更加具体的实施目标，有了更加科学的制度和政策保障，本书讨论的青海藏区公共文化产品和服务指标体系、基层公共文化绩效考核机制、公共文化服务城乡联动机制、多元化主体供给模式及公共资源整合路径、公共文化服务与科技融合等问题，都有了进一步研究的空间和可供操作的抓手。学术研究没有终结，永远在路上。

第二章 青海藏族聚居区自然环境与社会人文特征

　　青海多民族聚居、多宗教并存，总面积 72.23 万平方公里，辖 2 市 6 州 46 个县（市、区），全国 10 个藏族自治州 6 个在青海。藏区占全省总面积的 97.1%，占全国藏族自治州面积的 58%，是除西藏以外的最大藏族聚居区。据第六次人口普查公布，青海常住人口 5626722 人，有 54 个民族成分，少数民族人口占全省总人口的 46.98%，其中藏区人口 207 万人，占全省总人口的 36%。

第一节　自然地理环境概述①

　　青海省位于我国西北部内陆腹地，从地势上看，属青藏高原，雄踞"世界屋脊"之上。南有唐古拉山之险，西北、北部和东北有阿尔金山、祁连山之屏障，战略地位十分重要。

---

　　① 主要参考严正德等主编：《青海大百科全书》，中国财政经济出版社 1994 年版，第 1—11 页；青海省情编委会：《青海省情》，青海人民出版社 1986 年版，第 8、21—27 页；张忠孝编著：《青海地理》，青海人民出版社 2004 年版，第 10—119、357—381 页。

青海省位于东经 89°35′—103°04′，北纬 313°9′—39°19′。全省东西长 1200 多公里，南北宽 800 多公里，面积 721197 平方公里，占全国总面积的 1/13，仅次于新疆、西藏、内蒙古，在 34 个省、市、自治区中居第四位。境内有中国最大的内陆咸水湖——青海湖，故称青海省，简称"青"。全省平均海拔在 3000 米以上，地理上按地区可划分为祁连山地、柴达木盆地和青南高原山区。由于自然条件差异大，以日月山为分界线，日月山以西是牧业区，共 69 万平方公里，占全省面积的 96%；日月山以东是农业区，共 3 万平方公里，占全省面积的 4%。青海四周，北、东邻甘肃省，东南接四川省，南和西南与西藏自治区毗连，西北同新疆维吾尔自治区紧邻，成为联结西藏、新疆与内地的纽带，故在我国地理上占有特殊位置。

一 青藏高原重要组成部分

青海藏区地形地貌复杂多样，主要由三大板块即北部的祁连山——阿尔金山、中间的昆仑山——阿尼玛卿山脉、南部的唐古拉——巴颜喀拉山脉构成，这些近乎东西走向的高大山脉，往往成为重要的自然地理分界线和行政区划的界山，海拔多在 5000 米以上，山上终年积雪，广布着古代和现代冰川，形成了许多天然巨型固体水库。境内共有冰川面积 5225.38 平方公里，储水量约 3705.92 亿立方米，其中长江流域冰川储水量 1054.06 亿立方米，柴达木水系 1135 亿立方米，可可西里为 629.52 亿立方米，祁连山水系为 615.49 亿立方米。各山脉之间，镶嵌着山地、高原、盆地和谷地，由此形成祁连山、青南高原、柴达木盆地、河湟谷地包括青海湖盆地四大自然区域。

青海藏区气候的总体特征是典型的高寒干旱，属于高原大陆性气候。6 个自治州的平均海拔在 3500 米以上，青南高原超过 4200 米，高原西部在 4700—4800 米以上，最高峰布喀达坂峰 6860 米，也是青海省的最高点。6 州年极端最低气温为 -41.8℃，取暖期长达 9 个月，空气含氧量仅为内地的 60% 左右，年均降雨量 38—285 毫米。6 州州府所在地平均海拔在 3000 米以上，最高的果洛、玉树在 3800 米以上，有 4 个县城所在地海拔在 4200 米以上。果洛州平均海拔在 4200 米以上，年均气温 -4℃，一年中无四季之分，只有冷暖之别。

青海藏区空气稀薄，气压在 650hPa 以下，为海平面的 2/3；空气密度在 0.72—1.2Kg/m^3，为海平面的 56%—80%；含氧量在 0.174—0.233Kg/m^3，为海平面的 20%—40%。这种自然环境对当地农牧民群众生产生活和藏区社会经济的发展造成很大约束。

二 国家重要生态安全屏障

青海藏区地域辽阔，自然环境复杂多样，地上地下资源十分丰富。是全国"两屏三带"生态安全格局的重要组成部分，主要河流水源涵养地，世界重要物种多样性保护地。黄河的 49%、长江的 2%、澜沧江的 17%、黑河的 41% 年径流量源自青海，被誉为"三江之源""中华水塔"。青海藏区孕育了世界上独一无二的大面积高寒湿地、高寒荒漠、高寒草原、灌丛和森林等生态系统，起着各江河水循环的初始作用，是全球气候变化的启动区，在维护国家生态安全中具有无可替代的战略地位。有天然草场 3858.73 万公顷，占全省总面积的53.6%。其中可利用草场面积3345.07公顷，约占全国可利用草场面积的15.2%，占全省草场面积的86.7%。其中，玉树州占全省可利用草场面积的30.74%，海西州占26.62%，果洛州占16.79%，海南州占10.64%，海北州占7.44%，黄南州占4.85%。青海藏区还是我国生物物种形成和演化的中心之一，被誉为"高寒生物自然种质资源库"，著名中草药50多种，如冬虫草、大黄、贝母、枸杞、甘草、雪莲、藏茵陈、党参、黄芪、羌活、莨菪、麻黄等闻名国内外。

青海藏区是动物资源富集区，种类多，数量大，组成了一个相辅相成、共存共荣的生态系统。列为国家重点保护的二类动物有69种，约占全国的35%。珍稀动物有：野骆驼、野牦牛、野驴、藏羚羊、盘羊、白唇鹿、雪豹、黑颈鹤、鬣羚，还有梅花鹿、藏雪鸡、天鹅、麝、水獭、猞猁、血鸡、黑鹤等，其中80%以上分布于祁连山、昆仑山、唐古拉山及柴达木盆地的高原、丘陵、山麓和河谷中。

三 国家重要战略资源接续地

青海藏区目前已探明各种矿产资源132种，其中54种居全国同类储量的前十位、有23种居全国第三位、有9种居全国首位，尤其是柴达木盆地素有"聚宝盆"之称，盐湖世界第一，水电资源丰富，太阳能资源得天独厚，是国家重要的战略资源储备接续地。在地理分布上，以柴达木盆地为主体的海西州最多，矿种92个，其中金属矿205处，非金属矿164处，燃料矿100处（油气56处），水气17处。矿床大型30处，中型33处，小型76处。其他依次是海北、海东、海南、果洛、黄南和玉树。现已不同程度开发利用的矿产主要有煤、石油、铬、铜、铅、锌、镍、钨、汞、锑、金、锶、萤石、硅石等 42 种，矿业和矿产品加工业的产值占全省工业总产值的 47.5% 以上，矿产品出口金额占全省出口商品金额的 42% 以上。

青海藏区太阳能、风能资源也十分富集，太阳辐射强度大，光照时间长，日照一般都在 50% 以上，年总辐射量可达 690.8—753.6KJ/cm^2；直接辐射在总辐射能量中超过 60%，晴天多、阴天少，太阳能辐射量仅次于西藏居全国第二位。青海藏区风能资源仅次于东南沿海及内蒙，90% 以上的地区年平均风速都在 3 米/秒以上，全年可利用风能时间在 3000 小时以上，年平均可用风能 65—100KW/m^2 以上，其中可利用风能时间在 4000 小时以上，年平均风能密度在 150—200W/m^2 以上的地区占全省总面积的 70% 以上，而柴达木盆地和青南高原以西部分，全年风能可利用时间 6100—7000 小时以上，出现频率为 70%—76%，年可用风能平均密度为每小时 1000—1200KW，大风日数年平均可达 125—150 天，居同纬度之冠。目前对太阳能和风能资源进行研究、试验，并开始逐步推广。

但由于自然条件差，交通不便，工业基础薄弱，对矿产资源开发程度较低。随着青海的不断改革、开放、发展，其潜在的矿产资源必将进一步得到开发利用，造福于人类。

第二节　人文背景与主要特征

世居青海的民族有汉、藏、回、土、撒拉、蒙古族，在长期的历史发展过程中形成以汉族为主体的多民族聚居格局。青海佛教、伊斯兰教、道教、天主教、基督教五大宗教齐全，寺观教堂遍布全省各地，河湟地区村庙遍布，由于青海各民族和各宗教发展历史不同、文化传统各异以及各地区经济发展的差异，呈现民族关系"多元一体"，宗教关系"多元通和"特点，这在我国多民族地区独具特色。

一　多民族聚居，藏族人口为众

先秦以来，青海就是一个多民族繁衍生息的地区。最早见于历史记载的先民是羌人和戎人，羌戎在青海活动的时间很长，并建立众多的小邦国。汉初时期，汉族入居青海。随着中央王朝疆域的不断扩大，出现中原汉民向西北地区，包括青海的河湟流域迁徙的高潮。隋唐时期是汉族入居青海的第二次高潮。明朝时，统治阶级实行"移民实边"政策，不仅从江淮流域移民西北地区，而且还从北方向西北移民，使汉族源源不断进入青海，和生活在这里的其他民族一道共同开发青海。从青海各民族分布的总体特点来看，是"大杂居、小聚居"，全省没有哪一个县一级行政区域内是由某一民族单独居住，各民族是交错杂居。历史上，日月山一直是青海省农牧区的分界线。西为牧业区，东为农业区。藏族、蒙古族主要居广大牧区，从事畜牧业，汉、回、土、撒拉等民族居日月山之东，主要从事农业经济。这种分布格局为各民族间的经济交流提供了广阔的空间。时至今日，青海各民族居住地域是犬牙交错，你中有我，我中有你，汉族集中在东部地区和适宜农业种植的河湟谷地及城镇周围，同时遍布全省各地，散居在少数民族聚居地。同样，少数民族有相当一部分散居在全省各地，就是藏族聚居区，依然有汉族和其他少数民族居住（详见表 2 - 1）。

表 2 - 1　　　　　　青海 6 个藏族自治州人口概览

地区	土地面积（万 km²）	占全省总面积比重（万 km²）	人口规模（万人）	少数民族人口		自治民族人口		人口密度（人/平方公里）
				数量（万人）	占比（%）	数量（万人）	占比（%）	
海南藏族自治州	4.45	6.17	44.1689	33.1995	75.16	29.2888	66.31	6.94
海北藏族自治州	3.40	4.71	27.3304	17.5236	64.12	6.6586	24.36	9.62
海西蒙古族藏族自治州	30.09	41.7	48.9338	16.6342	33.99	2.7043 5.3498	5.53 10.93	1.5
玉树藏族自治州	19.7	27.3	37.8439	36.6754	96.91	36.5169	96.49	2.0
果洛藏族自治州	7.64	10.5	18.1682	16.9748	93.43	16.6895	91.86	2.38
黄南藏族自治州	1.877	2.6	25.6716	24.1099	93.92	17.5978	68.55	14.32

注：此表根据 2010 年青海省第六次人口普查公布数据整理。

（一）藏族

藏族自称"博"或"沃"。1950 年民族识别工作中定名为藏族。按方言分布区域又有"博巴""康巴""安多哇"等称谓。青海藏族除玉树藏族自治州（属"康巴"）外，均自称"安多哇"。

藏族族源一直众说纷纭，有土著说、东来说、南来说、西来说等。随着考古发现的增多和对藏文古籍整理挖掘的深入，近年来，土著说逐渐成为藏族族源的主流学说。一些藏文古籍记载着古老的传说：藏族由神猴和罗刹女结合繁衍而来，初居今雅鲁藏布江南岸泽当（藏语"猴子玩耍之地"）一带的雅隆地区，后发展成为四大氏族，即色、穆、董、东四姓，以致繁衍为六大氏族、八大氏族等。

　　大约在春秋战国或更早的年代，第一个统治藏族先民的藏王是聂赤赞普。此后，相继有"七天座王""中二丁王""六地善王""八德统王""五赞王"等统治藏地。7世纪，松赞干布在其父南日松赞征服周边各部的基础上，于逻些（今拉萨市）建立了统一的吐蕃王朝，进一步向外扩张，先后征服了大小羊同、白兰、党项等强邻，含有今西藏、西康的全部和青海西南部，为藏民族的形成奠定了基础。吐蕃王朝最强盛的赤松德赞时代拥有今西藏、青海、川西、甘南、滇西等地域，同时其势力范围曾一度扩展到今陕甘及尼泊尔、印度的一些地区。

　　随着吐蕃军事势力的发展，许多羌人部落（或部族），诸如苏毗、大小羊同、附国、白兰、党项以及部分鲜卑和唐人，均被纳入吐蕃王朝的统治之下。吐蕃在政治、经济、文化方面采取了开放吸收、兼容并蓄的政策，先后派人留学印度和唐朝，其中最有成就者就是被称为"七贤臣"之一的吞米桑布扎。他从印度学成回国后，以梵文为蓝本，结合藏族实用语言创制了藏文字。另据巴卧·祖哇陈列《贤者喜宴》的记载：当时，"自东方汉地及木雅获得工艺与历算之书。自南方天竺翻译了诸种佛经。自西方胡部泥婆罗，打开了享用食物财富的库藏。自北方霍尔回纥取得了法律及事业之楷模"。松赞干布迎娶尼泊尔尺尊公主和唐朝文成公主，不仅使佛教传入吐蕃，也引进了两地的优秀文化。尤其是文成公主进藏，开创了唐蕃交好的新时代。经过吸收消化，吐蕃王朝建立了一整套职官体系和行政机构，农业、畜牧业、商业、手工业的发展为其军事扩张奠定了坚实的物质基础，逐渐形成了以藏族本土文化为基础、融合以佛教文化为主体的、掺杂一些汉族文化及其他民族文化的独特的文化体系。

9世纪中叶吐蕃王朝崩溃后，藏区出现了四分五裂、各自为政的局面。11世纪，吐蕃王裔唃厮啰建立了青唐藏族地方政权，一度统治河湟等地。13世纪西藏纳入元朝版图，藏传佛教登上政治舞台，开始了政教合一的统治。这种社会制度使藏民族付出了沉重的代价，经济落后、社会发育迟滞、人口呈负增长。直到20世纪中叶，藏区尚处于封建农奴制的发展阶段。

中华人民共和国成立后，特别是民主改革胜利完成，政教合一制度被废除，世居青海的藏族人民走上了新生之路。据2010年第六次人口普查统计，青海藏族人口达137.5万人，占全省少数民族总人口的52%，占全省总人口的24.4%，主要聚居在玉树、果洛、黄南、海南、海北、海西6个自治州境内，在西宁和海东各县也有一定分布。

（二）回族

回族也称"回回""回民"。其最初先民是从西亚迁徙而来的穆斯林群众。之后，内地的部分回民也相继进入青海地区。他们长期同当地各民族杂居共处，相互吸收、融合，使其构成呈现多样性。商业贸易历来为阿拉伯人和波斯人所擅长，回族先民东迁定居后，其子孙大部分世守其业，只有部分从事农耕。明代以后，商品流通领域更成为回族热衷的场所，经商是其重要的经济生活。

随着长期定居和人口繁衍，明代时已在风俗习惯、经济生活等方面表现出显著的民族特征。回族在青海的居住区域呈现大分散、小聚居的格局，集中分布在东部河湟地带的西宁、湟中、大通、民和、化隆等地。其中，以居于交通沿线城镇及其附近村寨为多；与汉、藏等民族杂居的地方，往往自成村寨或街巷围寺而居。

回族先民因长期与汉、藏等民族杂居，原来的语言逐渐丧失，为适应政治经济生活的需要，以使用汉语和汉文为主。但由于回族文化受西亚传统文化影响较深，东迁后相似的经历使他们产生了共同的心理，具体表现在宗教信仰、生活习惯等方面。正如回族自己所说："天下回回是一家，打断骨头连着筋。"这根"筋"就是伊斯兰教，它是维系回族共同心理素质的精神纽带。

回族擅长经商，穆斯林商人如同桥梁，将从事畜牧业和从事农业的不同民族通过商贸活动联系起来。明清以来，在甘肃临夏，青海西宁、多巴、湟源等地，形成了有相当规模的集市，出现大批与藏、蒙区贸易的中间商，被称为"藏客"或"松藩客"。其通过甘青、甘川、甘康等商道进入草地，与藏族、蒙古族开展贸易。据白寿彝先生研究，民国时期，这种商业活动更加广泛，甘肃、青海的重要贸易，如羊毛业，如与番人间的种种贸易，回教徒占有极其重要的地位。

据 2010 年第六次人口普查统计，青海回族人口达 83.42

万人，占全省少数民族总人口的 31.56%，占全省总人口的 14.83%。

（三）土族

土族自称"察罕蒙古尔"（白蒙古）、"蒙古勒""达涅昆尔"等，在不同时期、不同民族中有"退浑""浑""霍尔""白达达""土达"等他称。

土族族源一直是学术界争论的问题，至今仍莫衷一是。一种观点认为，土族源自东胡鲜卑慕容部之分支吐谷浑。以吐谷浑为首的慕容鲜卑分支，原居东北，西迁之后，吸收和融合了鲜卑、匈奴、高车、突厥、氐、羌、汉、西域胡人等民族成分，在北周到隋初形成了新的民族共同体吐谷浑族，并以族称建立了吐谷浑国。吐谷浑国覆亡后，其族人先后分别被吐蕃、汉族、蒙古族、满族等政权所统治，其族称也不断改变，到明清时期的"土人"即其后裔。另一种观点认为，蒙元时期，蒙古人先后以各种形式陆续入居河湟地区，吸收汉、藏诸民族成分及其文化因素而形成的一个新的民族共同体即土族。他们的主要组成部分是：有皇子奥鲁赤，驸马章吉及速来蛮的后裔；有永昌王阔端的大臣及子孙们；有成吉思汗之部将格日利土 3000 人的后裔们；有脱欢的后裔及忽必烈征大理归来留在永登的蒙古人；还有南木忽利的屯田军等。①

由于民族交往和迁徙等原因，土族主要分布在互助、民和、大通、乐都、同仁等县。中华人民共和国成立后，

---

① 李克郁：《土族（蒙古尔）源流考》，青海人民出版社 1992 年版，第 180 页。

国家尊重土人意愿，正式定族称为土族。据 2010 年第六次人口普查统计，青海土族人口达 20.44 万人，占全省少数民族总人口的 7.73%，占全省总人口的 3.63%。

（四）撒拉族

撒拉族也称"撒拉尔""撒拉""撒拉昆"。据传说，其先民原居中亚撒马尔罕地区，由于受国王迫害，尕勒莽、阿合莽兄弟二人率领同族 18 人，牵一头白骆驼，驮着家乡的一撮土、一碗水和一部手抄《古兰经》向东进发，来到今青海境内黄河岸边的循化定居，成为撒拉族的先民。

据史料记载和学者考证，撒拉尔人的古代名称是"撒鲁尔"，原为西突厥乌古斯部的一个部落。以后分衍成 6 大支 75 小支，大者上千帐，小者有百帐。6 大支中有太克一支分成 12 小支，其中一支的首领为阿什汗。13 世纪蒙古军西征时，阿什汗之子尕勒莽所在地方受到征讨，被迫"签发"，率领本族东迁。后被安置在积石州（辖区约为青海循化、同仁县东部及甘肃省积石、夏河县西部等地）驻扎，授封为"达鲁花赤"。撒鲁尔人初来积石地区时，只是一个氏族集团，只有 170 户，人口不足 1000 人。但由于他们历经艰辛、信仰坚定，因此不仅没有被当地民族所同化，而且还吸收、融合了当地藏族、回族、蒙古族及其他民族成分，最终在明代形成一个稳定的民族共同体。至清乾隆四十六年达到 3700 户，近 20000 人。苏四十三起义失败后，约有 5000 族人被杀害或流徙他方。

中华人民共和国成立后，国家尊重其民族意愿，于 1954 年正式确定族称为撒拉族。据 2010 年第六次人口普查统计，青海撒拉族人口 10.71 万人，占全省少数民族总人口的

4.05%，占全省总人口的 1.90%。

（五）蒙古族

蒙古族自称"蒙古勒"。其称谓最早见于《旧唐书》的"蒙兀室韦"。在此后的历史记载中，多以"萌古斯""盲骨子""萌骨"等名称出现，但都为"蒙古"一音的讹译。关于蒙古族的族源问题，学术界亦多争议，迄今尚未取得一致的看法。常见的有源于匈奴说、源于东胡说、源于突厥说、源于吐蕃说等。目前大多数学者倾向于东胡说，即蒙古族源于东胡系统，形成蒙古族的主体部分是东胡系室韦诸部中的蒙古部和塔塔儿部，其核心为蒙古部。

12 世纪，蒙古草原上新兴贵族之间争夺政治权力和经济利益的战争连绵不断，出现了"天下扰攘，互相攻劫，人不安生"的局面。12 世纪末，经过一系列的兼并、投靠、剿灭，逐渐形成了互相对立的五大部落集团，即蒙古、塔塔儿、篾儿乞、克烈、乃蛮。1206 年，蒙古部首领铁木真完成了统一蒙古各部落的历史任务，被尊称为"成吉思汗"，蒙古民族也至此形成。

1227 年正月，成吉思汗挥师渡黄河南下，攻破积石州，控制关津要地，进而攻破西宁州。此后，青海成为蒙古军队进军藏北、川西地区的必经之地，派有军队驻守。1253 年，蒙哥汗在河州设置"吐蕃等处宣慰使司"，管辖包括青海在内的安多藏区。次年秋，忽必烈率大军从临洮南下，在卓格浪地区（今甘肃省玛曲县、四川省若尔盖县和青海省河南县一带）设立驿站和马场。以后达吾尔部中的一部分蒙古人在河南县留居下来，成为最早留居青海的蒙古部落。

1269 年，忽必烈第七子奥鲁赤受封西平王，镇守吐蕃（包括青海）等地，其后裔分成西平王和镇西武靖王两个王系。公元 1287 年，驸马章吉被封为宁濮郡王，镇守西宁。此外，还有忽达里迷失、速来蛮受封西宁王，出伯受封威武西宁王，卜烟帖木儿受封宁王，镇守柴达木地区。

元朝灭亡后，其残余势力遭明朝围剿，不愿降服者纷纷逃亡新疆等地。在青海活动时间最长、影响最大的有两部，即俺答汗所率的土默特部和固始汗所率和硕特部。1559 年，俺达汗率部进入青海湖地区，先后留二十九部数万人于此，由其子丙兔驻守。1588 年 9 月，西海蒙古永谢卜之婿瓦剌它卜襄率众攻西宁南川。次年 6 月火落赤攻洮州，明军损兵折将，朝野震动。1591 年明军与藏族 8 万余人联合攻击，使其败走西海。1595 年秋，瓦剌它卜襄再次攻西宁，被明军大败于南川和康缠沟，史称"湟中大捷"。自此，西海蒙古一蹶不振，退走河西走廊。

明末以来，以和硕特部为主体的漠西蒙古在青海的活动前后约 300 年。公元 1636 年，和硕特首领固始汗经塔里木盆地进入青海西部，从此开始其在青藏的统治，直到 1654 年病逝。此后，其子达什巴图尔、其孙罗卜藏丹津袭爵和硕亲王。1725 年，罗卜藏丹津反清事件平息后，清朝拟定"青海善后事宜十三条"和"禁约青海十二事"，仿内蒙古扎萨克办法，在青海蒙古族中推行盟旗制度，共编 29 旗。这一制度一直延续到中华人民共和国成立前。

中华人民共和国成立后，先后在蒙古族聚居区成立了海西蒙古族藏族哈萨克族自治州和河南蒙古族自治县以及部分民族乡。据 2010 年第六次人口普查统计，青海蒙古族人口 9.98 万人，占全省少数民族总人口的 3.77%，占全省总人口的 1.77%。

二　人烟稀少，传统畜牧业居主导

青海 96% 的区域是牧区，天然草场面积居全国第四位。以畜牧业为主要生产活动的藏族、蒙古族等民族，其活动区域平均海拔在 4000 米以上，这类地区高寒缺氧，有不少地区（如可可西里）被视为人类生命的禁区，这种严酷的自然条件对当地民族的生存发展有着极大的制约。历史上，藏族牧民一般采取逐水草而居的游牧生产方式，靠天养畜。牛羊早出圈、晚归圈，春季接羔育犊，夏季剪毛拔绒，秋季割储冬草、保膘防寒，冬季抗灾保畜。每年藏历 3 月，牲畜进入春窝子，5 月左右进入夏窝子，9 月间进入秋窝子，11 月移牧冬窝子。夏秋两季牧场选择地势较高的地方，冬春则在低洼避风、气温稍暖的山沟。周而复始，年年重复着这种单一的生产过程。靠天养畜的畜牧业是当地牧民世世代代的生存之业，但这种传统经营方式效益低下。而且，长期以来对草场的过度放牧以及其他方式的破坏，昔日 "风吹草低见牛羊" 的美景，如今离人们已越来越远，大量草场荒漠化，甚至于沙进人退，它给以草原为生的人们的生产生活造成严重威胁，并由此出现了大量 "生态难民"。

青海藏区戈壁沙漠面积占全省土地总面积的 4.3%。这类地区降水量很小，但土地水分的蒸发量高于降水量的几十倍甚至几百倍，进行农业生产主要靠人工灌溉，成本高，效益低。还有一种就是地质学上称为的 "喀斯特" 地貌，大部分地区都属于此类地区，其典型特征是山石多，土地少，而且土地的保水性差。

青海藏区地域辽阔，牧民居住高度分散，这从上表的 6 州每平方公里人口密度就可以看出。诸如果洛藏族自治州，各县平均面积 13000 平方公里，约 2 万多人口设一个县，平均 2000 公里设置一个乡，其中的玛多县，将近 5000 平方公里设置一个乡，最远的县乡之间的距离为 300 多公里，最远的乡村之间的距离为 200 余公里。这种状况使政府服务管理半径过大，成本过高，而且效益低下。

三　宗教影响大，群众信仰虔诚

青海既是一个多民族地区，也是一个多种宗教传播和发展的地区。从群众信仰的宗教类型来看，有世界性宗教，包括佛教（主要是藏传佛教）、伊斯兰教、基督教、天主教；有中国本土自己的道教；还有原始宗教的信仰遗迹。现有寺观教堂 2150 座，宗教教职人员 4.81 万人，信教群众 292 万，占全省总人口的 52%，藏、回、土、撒拉、蒙古等民族几乎全民信教，汉族地区传统的敬天祭祖和儒、释、道合一的民间信仰影响广泛，宗教信仰与民族分布相对应，有明显的区域性。在青海藏族聚居区，流布范围广、影响大的主要是藏传佛教和伊斯兰教。

藏传佛教。藏传佛教与汉传佛教同源，共属大乘，因所处自然环境、历史文化积淀、信徒生存条件及生活习俗等的不同，与汉传佛教具有不同的文化内涵。青海是我国藏传佛教最早传入地区之一。吐蕃王朝统一青藏高原后佛教即随之传入青海。841 年，吐蕃本土崇信本波教的赞普达磨（朗达玛）上台，全面禁佛，拆寺毁经，勒令僧人改变信仰或还俗，致使部分僧人外逃至西康和青海一带。初来青海的西藏禅僧藏饶萨、钥格迥、玛尔·释迦牟尼三人，一度隐居于今化隆、尖扎等地。晚年收当地牧羊童子贡巴饶萨为徒，传授显密教法，使其成为当时藏区的一位著名人物，被称为"喇勤"（大师）。后来，喇勤贡巴饶萨在青海建寺弘法，收后藏鲁梅等十人为徒，将佛教又传回沉寂70多年的卫藏，史称"下路弘传"。

据《宋史》记载，佛教在卫藏再度崛起后，唃厮啰地方政权的首府青唐城（今西宁）一带佛教兴盛。以不同的教法传承，逐渐形成宁玛、噶举、噶当、萨迦、觉囊等许多教派。这些教派为了壮大本派势力，积极传教，先后到青海建寺弘法。早期在青海传播较广的是宁玛派、萨迦派和噶举派。明永乐年间，生于宗喀地方（今湟中县）的僧人罗桑扎巴在西藏进行宗教改革，创立格鲁派，后在中央王朝和蒙古王公势力的支持下迅速崛起，传遍整个藏区，各教派也纷纷改宗，使格鲁派在藏区集教权和政权于一体，成为占统治地位的教派。在青海，佛教的传入、传播和被藏族人民所信仰已有一千多年的历史。在此期间，佛教对藏族社会发生了深刻影响，如同水银泻地无孔不入，政治、经济、文化诸方面无不打上佛教的深深烙印，并逐渐成为藏族等多民族的心理定式和行为规范，成为传统文化的重要组成部分。遍布各地的寺院曾是教育机构和文化艺术宝库，为保存、继承和传播文化起过重要作用。现据2013年年底统计，青海共有藏传佛教寺院和活动点746座（处），僧尼4.67万人，信仰藏传佛教的群众占全省总人口的32.84%。

伊斯兰教。"伊斯兰"为阿拉伯语译音，原意为"顺从""和平"。皈依伊斯兰教者均被称"穆斯林",意为兄弟。伊斯兰教于7世纪初兴起于阿拉伯半岛,由麦加人穆罕默德(被信教者称为"先知")所创传。它以信仰安拉为宇宙独一无二的神,认为穆罕默德是"安拉的使者",以此作为其全部信仰的核心,并把"念、礼、斋、课、朝"五项功课作为教徒最基本的义务,以《古兰经》为指导宗教生活和穆斯林言行规范的最根本的经典。

伊斯兰教在青海的传播可追溯到唐代。当时,唐朝与吐蕃、大食三方时战时和,时而唐与大食联军攻吐蕃,时而吐蕃与大食联合攻唐。征战中一些流散滞留定居的大食兵就成了青海地区最早的穆斯林。宋代,西域地区信仰伊斯兰教的回鹘人难以忍受西夏、西辽的奴役迫害,举族迁徙到青海。西域各国商人数百家也长期滞留并定居青唐等地。13世纪,蒙古军西征,中亚各族大批被迫"签发"入居中国,撒拉族的先民即在这一时期举族由中亚移居青海。西夏灭国,一支人口众多、皈依伊斯兰教的西夏人迁徙到河湟地区定居。这些外来的穆斯林同当地世居民族在共同生产、生活过程中,通过联姻结亲、吸收配偶等,使信徒成倍增长。明代实行移民戍边政策,内地一些穆斯林先后落户于青海。部分西海蒙古族、东部藏族、土族也先后改信伊斯兰教。传入青海的伊斯兰教都属于伊斯兰教逊尼派的哈乃斐学派。在传播中分化为三大教派(格底目、伊赫瓦尼、西道堂)、四大门宦(虎菲耶、哲合林耶、嘎底林耶、库布林耶)。现据2013年年底的统计,青海共有伊斯兰教清真寺1300多处,信仰伊斯兰教群众94.12万人,占全省总人口的16.73%。

在历史上,宗教对少数民族政治、经济、文化乃至社会生活的各个方面都产生着深刻的影响，至今，这种影响远未消除。"宗教是人类社会发展到一定历史阶段的产物，它不仅是一种意识形态，还是一种文化现象，对于基本上全民信仰某种宗教的民族来说，民族文化与宗教文化往往交织在一起，民族的生活方式、风俗习惯、文化艺术等都具有浓烈的宗教色彩，宗教信仰成为民族心理的一个重要外化特征。"①

四　文化资源富集，多元包容和合

青海自古至今就是一个多民族聚居的区域，历史上曾有古羌人、月支、突厥、匈奴、党项、回鹘、鲜卑、吐谷浑、吐蕃等数十个古代民族活动。元明以来逐渐形成以汉、藏、蒙古、回、土、撒拉等为世居民族的基本格局。在历史发展的长河中，民族杂居、民族迁徙、民族融合一直存在。从文化内核和宗教信仰来考察，主要形成三大文化板块②：

一是以儒家文化为核心的汉族文化板块。在青海地区，汉族先民自先秦时代即开始迁入今青海湟水谷地，在其后的历朝历代，伴随着"屯田实边"以及其他因素，汉人不断移入，逐步形成以儒家伦理文化为基础、融合本土民族文化元素的文化体系，就其文化特征而言，与整体汉族"同中有异"。在青海，除了汉人，曾经被称为的"西宁州土人"

---

① 关桂霞：《西部民族特性与民族政策教育》，《攀登》2005年第1期，第28页。

② 浦文成：《青海各民族和谐相处的历史文化根基和基础条件》，载青海省委统战部主编《青海省创建民族团结进步先进区的理论与实践》，人民出版社2014年版，第39—40页。

"汉土人（土族）"和今天仍然在使用的"家西番"（农业区藏族）概念，包括被汉化了的蒙古族等，都是这一文化板块的重要组成部分。

二是以藏传佛教为核心的藏蒙土文化板块。在青藏高原特殊自然环境、人文历史情境中形成的藏传佛教文化，具有浓郁的地域特色和民族特色。伴随着藏传佛教文化的传播发展，青海境内的蒙古族、土族及部分汉族群众也信仰藏传佛教，这些民族及汉族信仰群体的文化表现形式具有明显的宗教性，并成为重要的精神支柱。

三是以伊斯兰教为核心的穆斯林民族文化板块。青海地区的回、撒拉、东乡、保安等民族基本全民信仰伊斯兰教，为该文化圈的主要民族。伊斯兰教文化不仅具有极强的内聚力，成为信仰群体的精神纽带，同时对他文化还有极强的吸附力。如运用儒家文化思想阐释伊斯兰教精神内涵，调整伊斯兰教教义理论，在经堂教育和"以儒诠经"的改革中，借鉴吸纳儒释道的文化因素，吸收汉、藏、蒙古等民族成分和文化元素，逐步形成了具有民族化和本土化的伊斯兰文化形态。这三大文化形态，是青海地区多元文化的真实写照，也是青海藏族聚居区文化多元和合的历史基础。还有以地域为特征的文化划分类型，如"热贡文化"，它是以黄南藏族自治州同仁地区为核心的最具影响力的地方文化，起源于15世纪藏传佛教的传播兴盛期，"热贡文化"中集大成的是"热贡艺术"，是热贡艺人长期以来博采众长，在多元文化因素的影响下，兼收并蓄、融会贯通而形成的文化现象。青海藏区多元文化的包容和合，就是这种历史传统的传承与延续，大量民族文化遗产就是文化资源富集的集中体现。据青海省文化和新闻出版厅发布，截至目前，青海登记在册的非物质文化遗产项目有 2639 项，其中列入联合国教科文组织人类非物质文化遗产代表作名录的项目 4 项，国家级非物质文化遗产项目 73 项（2015 年 1 月 5 日发布），其中，产生于 11 世纪、堪与古希腊、古印度史诗相媲美的藏族长篇英雄史诗《格萨尔》，2006 年被列入第一批国家级非物质文化遗产代表作名录，2009 年被联合国教科文组织列入"人类非物质文化遗产代表性名录"①。

截至 2013 年 1 月，文化部确定的国家级非物质文化遗产项目代表性传承人全省共计 57 人。② 省级非物质文化遗产项目代表性传承人 257 名。这些遗产项目和非遗传承人，绝大多数分布在青海藏区 6 州。青海省被批准的 2 个国家级文化生态保护实验区，即热贡文化生态保护实验区（2008 年）、格萨尔文化（果洛）生态保护实验区（2014 年）也均在藏族自治州。为了打造西部地区以及国家有鲜明特色的文化产业走廊，2014 年藏羌彝文化产业走廊建设项目进入实施阶段，涉及青海、四川、云南、西藏、甘肃、陕西 6 省区，青海片区共规划 23 个文化产业项目，预计投资 29.08 亿元，以黄南为核心区，突出热贡艺术、环青海湖、三江源等藏区文化板块，包括西宁、海东基础条件好的部分藏族乡。项目分两个阶段进行实施，计划 2020 年完成。

---

① 本报"走基层看发展"果洛采访组：《流淌着格萨尔史诗的文化长廊》，《青海日报》2015 年 4 月 27 日。
② 李欣：《第四批国家级"非遗"项目代表性传承人我省 17 位民间艺人位列其中》，《青海日报》2013 年 1 月 15 日。

第三节　社会经济发展总体评价

经过几十年的努力，特别是国家实施西部大开发战略以来，青海藏区国民经济和社会发展取得了重大成就，这是毋庸置疑的事实。但是，由于受地理环境、气候条件、历史积淀、生产方式等诸多因素的影响，青海藏区经济发展整体水平不高，自主创新和自我发展能力不足，增长方式粗放，与全国相比经济社会发展水平和发展质量，都还存在明显差距，即使同经济相对落后的甘肃、宁夏相比，差距也依然呈扩大趋势，结构性矛盾突出，新的利益纠纷和社会矛盾不断显现，全面建成小康社会目标的任务极其繁重。

一　全面小康基础条件具备，但指标实现程度低

2012 年以来，国家统计局提出了五大领域 39 项小康社会监测指标体系，照此，青海五大领域指标中的经济发展、文化建设、人民生活、资源环境均无法达到基本实现程度，只有民主法治实现程度可以完全实现。2012 年年底，青海省全面建成小康社会进程总体实现程度为 70.2%，比同期全国平均水平低 10.7%。为了体现地区间的差异，国家统计局对一些指标体系分列了东、中、西部地区不同的目标值。目前，国家监测的 39 项指标中，可分地区的指标只有 11 项，青海与全国目标值对比如下：

2013 年，海北、黄南、海南、果洛、玉树、海西人均GDP（2010 年不变价）实现程度分别为 54.1%、38.3%、36.7%、28.2%、20.0%、198.1%；第三产业增加值占 GDP

比重实现程度分别为 52.6%、71.2%、55.3%、76.0%、36.6%、33.8%；居民消费支出占 GDP 比重实现程度分别为 73.9%、74.4%、102.5%、98.3%、（玉树无数据）、33.3%（海西、海南、海北已实现目标）；城镇人口比重实现程度分别为 54.7%、43.2%、41.3%、53.6%、116.8%（只有海西实现目标）；人均公共文化支出实现程度分别为 401.3%、452.0%、220.0%、378.7%、199.3%、354.7%（6 州均提前实现目标指标）；农村自来水普及率实现程度分别为 108.7%、74.0%、92.6%、89.5%、29.6%、75.5%（海北、海南、果洛提前实现目标指标）；农村卫生厕所普及率实现程度分别为 119.9%、51.1%、72.1%、25.5%、8.1%、95.9%（海北、海西实现目标，海南接近）。

总体看，青海藏区全面建成小康社会面临许多特殊困难。6 个自治州中，海西州工业比重大，城市化水平较高，2005 年，国家批准柴达木地区为全国首批循环经济示范产业园区，资源开发由粗放、高耗、低效、单一开始向集约、高效、循环发展转变。基本形成以石油天然气、盐湖化工、有色金属、煤炭及非金属材料、新能源为主的循环经济工业体系，第二产业占到地区生产总值的 81.2%，城镇化水平71%。"率先"势头显著，海北、海南进展良好，青南 3 州任务艰巨。玉树是青海第一、全国第二个成立的民族自治州，藏族人口占全州总人口的 98%，在全国 30 个自治州中主体民族比例最高，但经济总量在全省排名倒数第二，在全国 30 个自治州中居 29 位。根据目前的现实状况，与小康社会的指标相比，2020 年与全省同步进入小康社会差距很大。非公经济产值仅占地区生产总值的 14%；地方财政收入在近

10年中，从未超过总财力的3%，97%以上靠上级财政补助。由于全州支柱性财源结构单一，挖掘增收潜力空间小，造血功能严重不足，地方财政调控经济运行的能力非常有限。社会发育程度低，自然经济氛围浓厚，自我积累和发展能力弱。黄南州各项主要经济指标在全国30个自治州中处于末位。

海北州由于受环境、资源、区位因素影响，产业结构单一，第一产业基础薄弱，拉动发展能力不足；第二产业仍然依赖于资源的低层次开发，新型生态环保产业比重低；服务业发展处在低层次，旅游业支柱地位尚未形成。社会事业运行成本高，投入总量不足，处在一个低层次、广覆盖水平上。全州地方财力不足年度支出的10%。人均GDP、农牧民人均纯收入、城镇居民可支配收入都比全国平均水平低。

二　经济总量增幅较快，但起点低基数小

2010年以来，中央财政累计安排青海藏区各类补助资金1700多亿元；青海藏区"十二五"经济社会发展规划建设项目方案顺利实施，累计完成投资1434.81亿元，完成率86.4%。截至2013年年底，藏区6州累计实现地区生产总值3241.36亿元，年均增长19.22%，2013年比2009年增长1.12倍；累计完成固定资产投资2627.91亿元，年均增长37.46%，2013年比2009年增长2.57倍；累计实现地方财政一般预算收入222.46亿元，年均增长22.06%，2013年比2009年增长1.22倍；2013年，城镇居民人均可支配收入21055元，同比增长11.4%，比2009年增长59.4%；农

牧民人均纯收入 6266 元，同比增长 16%，比 2009 年增长 93.86%。

表 2 - 2　　2014 年与 2011 年相比藏区 6 州主要经济指标增长幅度

	地区生产总值		社会消费品零售总额		固定资产投资总额		地方公共财政预算收入		城镇居民人均可支配收入		农牧民人均纯收入	
	产值(亿元)	年均增长(%)	总额(亿元)	年均增长(%)	总额(亿元)	年均增长(%)	总额(亿元)	年均增长(%)	总额(元)	年均增长(%)	总额(元)	年均增长(%)
海北州	106.6	14.4	16.9	15.4	108.8	31.5	6.2	29.2	24664	10.6	9726	9.2
海南州	130.7	11.4	22.1	11.3	185.5	41.2	7.1	23.6	12818	13.1	8188	16.2
海西州	560.1	11.9	74.0	14.4	538.4	38.0	49.4	9.4	13522	17.1	3725	21.8
黄南州	68.8	8.0	7.5	14.6	64.7	32.9	2.5	20.3	11761	11.92	2369	8.29
果洛州	34.1	11.6	4.7	14.8	58.4	42.0	2.3	28.4	11093	10	2291.	10.0
玉树州	56.5	9.8	5.2	11.0	40.1	46.3	3.1	39.1	23742	12.74	5207	17.4
全省	2301	11.4	615	15.1	2909	30.4	1366	17.9	22307	11.4	7283	

注：资料来源：1. 表中前 4 项数据根据《"两会"服务统计信息资料》（青海省统计局 2015 年 2 月）整理；2. 表中后 2 项数据根据 6 州《经济社会发展和维稳工作调研报告》（2014 年 12 月，内部资料）整理；3. 全省的 "7283" 元为 "农村常住居民人均可支配收入"，目前还没有可比数据。

从表 2 - 2 可以看出，就青海本省而言，6 个藏族自治州的地区生产总值只占全省的 41.58%，除海西州以外，其他 5 个州地区生产总值之和只有 396.7 亿元，仅占全省的 17.24%，5 个州的财政自给率只有 6.3%，其中青南 3 州仅为 4.6%。青南 3 州属于国家生态功能区，对地方政府已不考核 GDP，但地方经济发展的窘况还是可见一斑。与全省其他地区相比，藏区总体上发展滞后的问题还十分突出，主要依靠投资拉动的增长格局没有根本改变，劳动力素质偏低、科技创新能力不足，科技进步和人力资本对经济增长的贡献不高。工业化进程缓慢，资源优势没有形成经济优势，主导型、财源性产业培育十分困难，具有地域特色的产业难以形成优势。农牧业产业结构单一，集约化、规模化、产业化进程艰难。经济基础、社会事业、公共服务等方面底子薄，虽然发展速度比其他地区快，但由于基数小，总盘子并不大，而且经济发展的质量和效益比较低下。6个自治州除海西州外，其他州主要依靠传统畜牧业，工业基本处于空白，三产发展困难。

与西部甚至全国相比，青海省近几年的主要经济指标的年均增长速度是"居高不下"，如2011—2013年农村居民人均纯收入，青海是17.1%，位居全国第一，2013年全国平均水平为8896元，青海与之相差2700元，与增速排名第9位的内蒙相差2400元，与排名第6位的新疆相差1105元，与排名第27位的宁夏相差735元；同期的地方公共财政预算收入，青海增幅是26.6%，位居全国第六，与排名第31位北京的3661.1亿元相差3437.2亿元，与排名第21位的甘肃相差383.4亿元。可以讲，青海整体经济发展水平处于滞后状态，省级财政自给率不足20%，80%的支出靠中央财政转移支付，"小马拉大车"的问题非常突出，自身对藏区的扶持能力极其有限。国家限制开发区和禁止开发区与大部分资源地重叠，保护生态与加快经济发展的矛盾十分突出，很难做到既承担全国生态可持续发展的重任，又实现自身的跨越发展。

三 基础设施显著改善，但偏远农牧区滞后

交通基础设施落后，一直是青海藏区经济发展的瓶颈。改革开放以来，特别是实施西部大开发战略以来，在国家和对口支援省市的帮扶下，青海藏区一批水利、电力、能源等重大基础项目相继规划建设，城镇基础设施、新农村新牧区建设投入力度持续加大，新能源、新材料等新兴产业和循环经济蓬勃兴起，高原现代生态畜牧业、特色旅游业发展壮大，藏区特色产业从无到有、从小到大、从弱到强。公路、铁路、机场等事关青海藏区长远发展的基础设施工程实现跨越式发展。公路方面，基本形成了以省会城市为中心、连接各州市、辐射周边的高等级公路网，和以国省干线公路为主的公路网主骨架，实现了省会至州府通二级以上公路，海北、海南、海西州府通高速公路，玉树、果洛、黄南三条通州高速公路开工建设。截至 2014 年年底，青海省农村牧区公路达到 58502 公里；乡镇通畅率达到 96%，行政村通畅率达到 82.8%，村道硬化率达到 73.6%，有效缓解了农牧民群众行路难、过河难问题，① 藏区公路通车里程突破 7 万公里。② "曲麻莱，进去出不来"，这是位于青海玉树藏族自治州、地处青藏高原腹地，以往交通极为不便的曲麻莱县的过去。如今，这里已经通了柏油路，"进去出不来"的历史结束了。

---

① 焦闻轩：《创新改革跨越——"十五"以来青海交通发展成就综述》，《青海日报》2015 年 7 月 13 日。

② 张海虎：《托举藏区发展大民生——藏区发展，在新的历史起点上》（中篇），《青海日报》2015 年 7 月 25 日。

铁路方面，迎来了高铁时代，兰新铁路第二双线通车运行，格尔木至敦煌铁路、红柳至一里坪地方铁路建设进展顺利，藏区铁路运营里程由 2009 年的 1557 公里增加到 1738 公里。机场方面，玉树、德令哈机场建成投运，果洛机场航站区工程开工，青海湖机场和黄南机场前期工作正在推进。同时，引大济湟等一批重点水利工程扎实推进，格尔木至西宁 750 千伏安双回路输变电等一批电网工程完工，果洛网外三县、玉树网外三县与青海电网联网等重点工程正在实施，宽带网络基本实现乡镇全覆盖。玉树灾后重建圆满收官，重建规划确定的 1248 个项目全面建成，累计完成投资 447.5 亿元，是玉树建政以来投资总额的 8 倍。海北州农牧区通电覆盖率 100%；100% 乡镇通柏油路，54% 行政村道路硬化，农牧区安全用水普及率 74%。

但是青海藏区地广人稀，远离经济中心，人口高度分散，人口密度仅为每平方公里 2.6 人，城镇化和人口聚集效应低下，公共服务设施主要配置在城市，农牧区基础设施建设难度大，投入成本高。一些边远地区的县、乡、村之间，有的相距数百公里，无公路连接，无邮电通信设施，交通闭塞，信息不灵。如果洛州，基础设施历史欠账多，加之地域辽阔，目前水、电、路、通信等基础设施瓶颈制约十分明显，农牧民群众出行难、吃水难、用电难、通信难、取暖难等问题依然突出。玉树州列入重建的 19 个乡镇基础设施建设实现了历史性跨越，其他 27 个乡镇的基础设施和公共服务设施历史欠账比较多，交通、能源、水利、通信、教育、文化、卫生等基础设施建设相对滞后，农牧民出行难、吃水难、用电难、通信难、看病难、上学难等问题突出，支撑发展的基本条件和能力依然脆弱，灾区和非灾区发展差距拉大。即便是位于环湖地区的海南州，城乡缺水问题严重，境内交通主路网等级低，县与县、乡与乡通达能力和水平不高，重点城镇基础设施建设严重滞后。黄南州60%的人饮工程年久失修，12464户牧民未实现大电网通电，境内公路等级低，断头路多。

四 扶贫攻坚能力增强，但返贫率居高不下

由于地处高原，自然条件艰苦、生态环境脆弱、自然灾害频繁，加之经济发展相对滞后，大面积的贫困问题一直是青海藏区社会经济发展的难题，而反贫困也就成为各级党委和政府的重要工作。从国家实施西部大开发战略以来，青海省的反贫困工作力度进一步加大，仅2010年以来，青海藏区扶贫攻坚计划总投资3667亿元，其中，中央扶贫资金1249亿元，省级财政资金595.7亿元，地方财政资金120.4亿元，其他资金1700亿元。6州437个贫困村实施了扶贫整村推进项目，33个县（市、行委）纳入国家四省藏区集中连片特殊困难地区，解决72.8万人安全饮水问题，建设城镇保障性住房和棚户区改造住房17.62万套，农村奖励性住房94400户，游牧民定居8.73万户，农村危房改造5.3万户；累计减贫25.8万人。全省财政年支出的75%以上用于藏区民生建设，解决农牧民群众的生存发展问题。青海藏区贫困人口主要分布在高寒区域，自然条件严酷，农牧业资源禀赋差，社会发育程度低，已脱贫的人口多数是在临界值附近，是一种初步性脱贫、不稳定的脱贫，稍遇冲击，顷刻就会陷入贫困境地。为此，"十二五"以来，青海投入财政扶

贫资金 6.37 亿元，整合资金超过 60 亿元，集中实施青甘川交界地区、果洛藏族自治州、海南藏族自治州同德县、兴海县南部三乡等 6 个特殊类型贫困地区扶贫攻坚工程。其中，经过 3 年努力，同德县农牧民人均纯收入从 2012 年的 5489 元到了 2014 年的 7469 元，年均递增 13%；全县贫困人口从 2012 年的 3.69 万人下降到 2014 年精准扶贫建档立卡的 8073 人，减少贫困人口 2.88 万人。①

据青海省扶贫开发局资料，按照国家 2736 元（2010 年 2300 元的不变价）的扶贫标准，截至 2013 年年底青海藏区有贫困村 658 个，占全省贫困村总数的 40.6%；贫困户 8.3 万户，占全省贫困户总数的 41%；贫困人口 28.2 万，占全省贫困人口的 38.3%，占青海藏区农牧民总人口的 15.6%，贫困发生率 19.3%，远高于全国 8.5% 的平均水平。② 农村居民家庭恩格尔系数 49.48%，高于全省近 20 个百分点；人口平均寿命是 66.4 岁，比全省和全国人口平均预期寿命分别短 4.3 岁和 5.6 岁。特别是青南 3 州牧区，至今仍处在半封闭环境下的简单再生产状态，经济社会发展严重滞后，许多社会发展指标远低于西藏。典型代表的果洛州，绝大部分地区为牧业生产区，大多数牧民群众生活在生存条件极为严酷的高寒牧区，自然灾害频发，因病因灾返贫率较高。加之牧民群众受教育程度低，转移就业渠道窄，劳务输出难度大。交通、信息等基础设施与其他地区相比，差距较大。目

---

① 苑玉虹：《区域扶贫，阔步在阳关大道——我省全力打好扶贫攻坚战述评》（中篇），《青海日报》2015 年 7 月 28 日。

② 青海省扶贫开发局：《青海藏区扶贫开发情况及建议》（内部材料），2014 年 12 月。

前，全州有 27 个乡镇、118 个村未通电，有 3 个国家级贫困县、3 个省级贫困县，有 79000 人生活在贫困线以下，占总人口的 54%，贫困人口纯收入 2460.3 元，贫困发生率远远高于全国 10% 的平均水平，财政自给率 3.79%。玉树州贫困人口占全州农牧民总数的 49.3%，贫困村占全州行政村总数的 89.5%。其中的囊谦县 2013 年农牧民人均纯收入为 3262.6 元，是全国 11 个特殊贫困地区中人均纯收入最低的县。

海南州有贫困村 170 个，贫困人口 5.52 万人，占全州农牧民总人口的 16.2%，贫困村人均纯收入为 3201.52 元，其中共和县 2014 年贫困村人均纯收入为 2740 元（2011 年 1801.6 元）①。黄南州按照国家新的扶贫标准，全州有贫困人口 12.38 万人，占全州总人口的 60%。贫困人口大多分布在条件恶劣、资源匮乏的高寒牧区和干旱浅脑山区，缺乏劳动技能和双语沟通能力，返贫问题突出。

应该说，上述的描述还只是针对传统意义上的贫困而言的，即主要是以物资匮乏来理解贫困的，世界银行的研究报告提出，"贫困不仅仅指收入低微和人力发展不足，它还包括人对外部冲击的脆弱性，包括缺少发言权、权利和被社会排除在外"②。如果从这个层面来谈论青海的贫困问题，其内涵远不是我们上面提到的单纯的物资贫困问题。进入 2015 年，国家和青海省对藏区实施精准扶贫，不仅抓好公共基础

---

① 建军、林有珠：《共和精准扶贫减少 1.64 万贫困人口》，《青海日报》2015 年 7 月 29 日。

② 世界银行：《2000/2001 年世界发展报告》，中国财政经济出版社 2001 年版，第 11 页。

设施建设，还在教育培训和产业扶持等方面加大力度，增强
贫困群体自我发展能力。根据《青海省扶贫开发项目审批权
限下放到县管理办法》（试行），全省 320 个贫困村实施整村
推进产业项目，建成和培育 200 余个特色化、专业化、规模
化的产业扶贫基地。2015 年 7 月 24 日，青海省第十二届人
民代表大会常务委员会第二十次会议通过《青海省农村牧区
扶贫开发条例》（9 月 1 日起施行），以法律形式规范和推进
全省扶贫开发工作，"政府主导、市场运作、精准扶贫、滚
动发展、提质增效、示范带动"的扶贫思路正在青海藏区积
极实践，金融扶贫、电商扶贫、光伏扶贫等新型扶贫减贫模
式也在积极探索。①

五　生态保护成效初显，但恶化趋势未根本遏制

青海藏区既是全国最典型的集中连片特困地区，又是全
国生态保护重点地区，肩负着脱贫致富和保护生态两大艰巨
任务，青海藏区 6 个自治州行政区域的 21 个县计 158 个乡
镇，被纳入国家三江源生态保护区，占藏区面积的 64%。目
前，三江源生态保护建设一期工程已完成，二期工程启动，
估算总投资近 160.6 亿元，其中，中央预算内投资 80.83 亿
元，财政资金 79.74 亿元。② 祁连山生态保护和综合治理、
青海湖流域治理、天然林保护等重点工程有序实施。2011 年
实施草原生态保护奖补政策以来，累计落实奖补资金 77.88

---

① 产业扶贫，搅动富民强村活水：《我省全力打好扶贫攻坚战述评》（上
篇），《青海日报》2015 年 7 月 27 日。
② 张海虎：《让"中华水塔"坚固又丰沛——三江源生态保护建设工程综
述》，《青海日报》2015 年 3 月 22 日。

亿元，受益农牧户 17.3 万户。三江源地区湖泊水体面积净增 245 平方公里，黄河、长江、澜沧江年均径流量分别增加 8.4%、16.3%、8.2%。累计完成造林 343 万亩，草场禁牧面积 2.45 亿亩，退牧还草面积 1.61 亿亩，减畜 570 万只羊单位，黑土型退化草地治理 136.65 万亩，草原毒草防治 507.9 万亩，草原鼠虫害防治 2007 万亩。2014 年，青海被列入国家首批生态文明先行示范区。

通过一系列生态环境保护和建设工程，青海藏区生态保护工作取得一定成效，但由于自然条件的严酷等因素，生态退化的总体趋势尚未得到根本遏制，生态保护和恢复的任务长期而艰巨。同时青海藏区是国家重要的生态屏障，按照全省主体功能区规划，限制开发区和禁止开发区国土面积占比达到 90%（其中国家级禁止和限制开发区面积就占全省国土面积的 60%），是全国面积最大、比重最高的省份之一。目前生态修复工程实施覆盖面不到 40%，黑土滩、鼠虫害、荒漠化、水土流失等问题依然严重。工程项目范围外大面积严重退化的地区尚未实施保护和治理措施，生态退化的总体趋势尚未得到根本遏制。①

玉树全境处在三江源自然生态保护区，18 个核心区域中有 10 个位于玉树，涵盖面积为 9.6 万平方公里，占全州国土面积的 40.89%，占三江源自然生态保护区的总面积的 72%。生态保护虽然取得成效，但生态环境仍在不断恶化。全州退化草场 8409.75 万亩，占全州可利用草场面积的

①　青海省环境保护厅：《青海藏区生态环境保护调研报告》（内部材料），2014 年 12 月。

56.06%，荒漠化速度由 20 世纪七八十年代的 3.9% 增至现在的 15%，沙化面积每年以 7.5 万亩的速度扩大；水土流失加剧，流失面积 909 万公顷，占土地总面积的 44.79%。采取禁止采金、采伐林木、区域性禁牧、限制虫草采挖等措施；完成退牧还草、生态移民、建设养畜等 17 个生态保护与建设项目，占青海省三江源生态保护与建设一期工程《总体规划》的 55%，生态补偿机制初步建立。

果洛州生态畜牧业发展缓慢，虽然在全州 175 个牧业村成立了专业合作社，但组织化、社会化、市场化功能未建立和发挥。特色产业弱、小、散，资源优势难以转化为经济优势。

黄南州 60% 的天然草场存在不同程度的退化，中度退化区 1341 万亩，重度退化区 182 万亩，水土流失面积 5276 平方公里，占全州总面积的 30%。

海北州加快发展与生态环境束缚之间矛盾日益突出。地处祁连山自然保护区和青海湖水源涵养区，随着生态环境保护力度加大，对海北这样一个生态位置重要、严重依赖资源开发的地区来讲，影响非常突出。2011 年草原生态补偿机制实施后，对禁牧草场每亩补助 10 元，草场租赁费每亩是 50 元。工业主要依靠矿产资源开发加工，但因生态环境保护刚性指标的要求，大批企业需要转型，重点是煤炭企业。

第三章　青海藏族聚居区公共文化产品特质与功能

中共中央十七届六中全会《关于深化文化体制改革推动社会主义文化大发展大繁荣若干重大问题的决定》指出："满足人民基本文化需求是社会主义文化建设的基本任务。必须坚持政府主导，按照公益性、基本性、均等性、便利性的要求，加强文化基础设施建设，完善公共文化服务网络。"① 在国家文化发展方针的引领下，青海藏族聚居区公共文化产品既体现出国家一般公共文化的内在特质，又彰显出文化发展的个性，正是这两者的有机结合，不断生成公共文化的正功能。

第一节　公共文化产品特质

谈青海藏区公共文化产品特质，离不开对公共文化产品一般性特质的描述，其实，确切些说，是对国家公共文化产

---

① 《中共中央关于深化文化体制改革推动社会主义文化大发展大繁荣若干重大问题的决定》（单行本），人民出版社 2012 年版，第 23 页。

品一般性特质在青海藏区表现出的另一种特殊状态的观察。由于目前学界或理论界少有这方面的研究，本书在这里也只是尝试着进行文字和观点的粗浅表达，以期能为学界深化这方面的研究抛砖引玉。

一　公共性与地域性交互

公共性最先是德国的思想家哈贝马斯（Habermas）20世纪60年代在《公共领域的结构转型》中提出的概念，并在其后的研究中给出明确表述。哈贝马斯认为公共领域是一个向所有公民开放的公共意见能够自由形成的空间，公共性意味着不仅每个人一般都能有平等的机会表达个人倾向、愿望和信念，更重要的是这些个人意见能够通过公众批判而变成公众舆论时，对政治权力产生强大的批判和影响。其实，"公共性"的含义从来都是历史的、具体的，人们往往都是从自身视域定义公共性的。从公共经济学理论视角，社会产品一般可分为公共产品、准公共产品和私人产品三大类，公共性是评判公共产品的基准性价值。从文化产品的表现形式看，可分为服务性文化产品和物化形式文化产品。一般认为，用于满足私人自身需要的文化产品，通常以物化形式的文化产品居多，而在社会和集体范围占有使用的公共文化产品，则是以服务性文化产品居多。

文化产品和服务的社会属性是由其公共性所决定的。具有严格公共性的文化产品，其"公共性"主要体现在公共产品的非排他性，一定的消费竞争性和外部收益性等方面，是"基于社会契约的外在性趋于无穷的产品"，是对全体公民共同文化需要的回应。从价值目标来讲，公共文化产品的"公共性", 是指公共文化产品及服务要满足公共利益, 对政府而言, 提供的公共文化产品和服务, 应该为每一个公民所普遍享有, 这就是"公共性"的最大要义; 同时, 公民有均等权利与机会参与维护公共文化利益, 政府的职责是确保维护和增进公共利益, 公共性是公共行政的本质属性, 它既是公共文化服务的出发点和归宿, 也是公共文化制度构建和创新的价值基础。现实中, 真正的纯公共产品是极少的, 绝大多数可以被看作是介于纯公共产品和私人产品之间的准公共产品, 这就是说, 公共性在公共文化产品供给能力有限的情况下, 会产生一定的消费竞争性, 如优秀的或可视性强的演出和影视作品、时尚娱乐项目等消费就存在竞争。再如全民健身设施, 也属于公共物品中的准公共物品。不收费的全民健身设施, 超过一定的人数会出现拥挤现象, 产生消费的竞争性和非排他性, 一旦对某些设施进行收费, 就会产生一定的排他性, 但这并不排除其"公共性"特征。

青海藏区公共文化产品的"公共性"与全国一样, 具有极高的"同质性"。公共文化的公共性植根于其赖以产生的需求, 体现在政府对文化的管理和服务工作中。国家对公共文化资源的配置, 注重的是价值目标上的公平性、公正性, 不搞形式上的"一碗水端平"或者"一刀切", 公共文化资源是对所有人开放, 人们在公共文化生活的资源配置中, 是应当有其"应得"份额的, 要体现公共文化权益的平等保护观念和核心精神, "公共性从根本上讲, 是人的平等问题"①。

---

① [古希腊] 亚里士多德:《政治学》, 吴寿彭译, 北京商务印书馆 1965年版。

　　公共文化产品的"公共性"也是在一定的地域空间进行的，不同的地域空间赋予不同地区的公共文化产品不同的自然秉性。青海国土面积72.23万平方公里，占全国总面积的1/10，全省东西长1200多公里，南北宽800多公里。其中，藏区面积占到全省总面积的96.4%。文化资源是提供公共文化产品的重要根基和依托。在我国这样一个多民族国家，在青海这样一个多民族杂居省份，文化资源的多样性必然使藏区公共文化产品又具有明显的地域性特征，其基础在于该地区的文化生活实践以及藏民族文化群体的认同感。青海藏区公共文化产品的地域性，可以反映在公共文化产品的内容上，也可以表现在公共文化产品的承载形式上。

　　以青海藏区非物质文化遗产保护为例，对具有浓郁本土特色的非物质文化遗产的挖掘和保护，是国家和地方政府公共文化体系的重要内容，通过"纳入名录体系"或者"展示"等一系列"公共性"行为，彰显其政治经济和社会文化价值，典型的地域性文化也便具有了明显的公共性意义。青海藏区非物质文化遗产，主要包括口头传说、民俗风情、表演艺术、节庆礼仪、民族传统手工技术等，这些文化遗产具有悠久的历史传统，在特定的时空中为特定的人群沿袭传承，成为维系不同民族社会历史记忆与文化认同的重要标志。所以，非物质文化遗产被视为是现实社会生活的一种活态的、生生不息的文化，它的"地域性"的本质也就在于此。

　　青海藏区的公共文化服务基础设施建设，包括各种类型的广场文化、公共文化服务器材、公共娱乐健身场地，以及制作播放的公共电影，开展的咨询、培训及讲座类文化服务，都既表现出极高的"公共性"，又具有明显的"地域性"特征。广播电视"村村通"设备和太阳能便携式电视机等这些产品按经济属性来区分原本应属于私人领域范围，由市场生产和供给，但由于制度的构建进入公共产品领域，这种制度构建从实践意义上来说，是为了使基础设施建设的效用落到实处。

二　公益性与政治性交互

公共文化产品具有广泛的社会功能与效益，肩负着传播知识与示范教育引导，向公众提供优质精神文化产品，提高全民思想道德素质及科学文化水平的使命。公益性文化事业是国家社会公共事业的重要组成，是一个国家抑或一个地区文化成就的集中展现，是政府公共文化建设的基本内容。党和国家长期以来坚持把发展公益性文化作为保障公民基本文化权益实现的必要手段和基础条件。公共文化产品的"公益性"，是指政府为公民提供公共文化服务和产品，不是以营利为目的，而是为了满足公民的文化需要，保障公民文化权利。国家以及各级政府通过公共文化产品和服务的制度供给、队伍建设、财政保障及各种载体，促进公共文化健康发展，公众在消费公共文化产品后，不仅精神享受和文化娱乐需求得到满足，更重要的是有益于陶冶情操和提高文化修养，有益于形成良好的社会文化氛围，为促进社会和谐提供认知基础。公共文化的公益性还充分体现在公益性文化机构和组织承担的生产和传播大众文化的活动，如图书馆、文化馆、博物馆、美术馆、科技馆、文化中心等单位，其主要职责就是为公众提供基本的公共文化产品和服务，使公众受益。

　　文化是国家综合实力的重要表现。文化产品和服务具有为公众提供娱乐消费并产生经济效益的商品属性，但更具有引领社会主流价值观、提升公民整体素质的社会属性，而这正是公共文化产品和服务的本质特征。在现阶段，国家利用公共文化服务主导核心价值观，渗透国家意志和目标的能力虽不如计划经济时代，但其政治性依然显现，文化的意识形态属性决定了我国公共文化产品和服务建设的战略性意义。青海藏区的公共文化产品和服务，在满足公民基本文化需求的同时，还传递着国家、执政党的政治思想、政治目标和主流价值观念，起着意识形态教化的作用。这些对于形成符合国家政治安全与文化安全的民间舆论，增强藏区广大民众对国家和执政党的政治认同，维护国家统一与社会和谐稳定，有着十分积极的作用。公共文化产品和服务，承载着传承弘扬各民族优秀传统文化的使命，对增进民众的民族精神与爱国情怀，凝练社会主义核心价值观等方面具有十分积极的作用。公共文化产品作为价值和意识形态载体，内置着通过主流文化价值引导以实现对公众意识形态掌握的功能。在青海藏区宗教文化浓郁、民族文化多元的社会条件下，藏区各级政府的公共文化建设始终坚持并体现着这一特质。但是，与其他地区相比，藏区文化建设对"政治性"的把控非同一般。尤其是2008年以来，藏区反分离反渗透的形势严峻，出于维稳的考虑，对意识形态方面的动向高度关注，公共文化的"政治性"往往通过对文化产品的政治审查来传递，特别是和"涉藏"有关的文化产品，管理是非常严格的，这种情况和非藏区有着极大不同。

三 均等性与民族性交互

现代政府作为一种责任政府，保证每个公民的基本权利和利益是政府的核心要义。一般而言，公共文化产品的"均等性"，是指公共文化服务应该不分公民个人身份、地位、社会角色等而无差别地、平等地分配和占有，每个公民获得公益性文化服务的机会和效果是均等的，并不是追求简单的平均化或无差别化。各级政府根据社会实际需求，因地制宜，统筹规划，保障公民享有基本公共文化权利。

任何文化产品都是根植于当地民众的传统文化土壤，与老百姓的精神生活和物质生活相对接。所以，公共文化的均等化不是要抹杀文化个性或民众的需求，更不是强制性地推广同质化公共文化产品。基于此，青海藏区公共文化产品和服务的民族性特质也就自然生成。青海藏区公共文化的民族性，主要体现为藏族文化的主体性和承载形式，同时兼容其他民族文化内容和形式。从一般意义来讲，作为人们共同体的民族，是以文化传承延续其存在的，民族共同体首先是一个文化共同体，而且在此基础上形成了"表现在共同民族文化特点上的共同心理素质"，任何一个民族无论境遇如何、环境好坏，保留最长久、消失最缓慢的就是共同拥有的文化。站在今天的历史节点来看，每个民族都无法与自身的历史文化传统完全割裂，从功能影响来讲，"积极"与"消极"往往是"此消彼长"。青海藏区公共文化表现出的民族性，就是民族文化中的积极内容与时代发展相契合的展现，如玉树地区的"康巴歌舞"，尤以卓舞蜚声海内外，用粗犷豪放的舞蹈形式表达对家乡的热爱，对高原自然风光的赞美等反映社会生活的各个层面，它不仅表现出高超的艺术性，而且还有浓厚的庆典性和仪式性，这种独特、精湛的舞蹈技艺，就是居住在康巴地区藏民族文化的强烈个性，并在公共文化的统领下彰显着独特的艺术价值，成为青藏高原文化的重要组成部分。2015 年 5 月，青海民族出版社精心打造的国家重点图书出版项目，青海知名藏族作家次仁顿珠《我的两个父亲》、旦巴亚尔杰《昨天的部落》、才让扎西《残月》、普布次仁《飘落的石子带》和宽太加《哲隆沟》5 部原创藏文长篇小说丛书正式出版发行，这些作品立足本民族历史变迁和精神依托，以藏族群众熟悉的生活来表达，深受读者喜爱，是对青海藏区公共文化产品民族性的真实诠释。

四　基本性与特殊性交互

公共文化产品的基本性，是"指基于一国的经济社会发展水平和公民一定的文化共识，由政府主导提供的面向全体社会成员以保障公民基本文化生存和发展权利，满足公民基本文化需求的基本社会文化条件"[1]。换句话来说，公共文化产品的基本性，就是指公民生产生活中最为基本的文化需求，是国家强制实施的公民在文化方面不可缺少的权利。同时，这也是公共文化供给的标准，是国家履行发展公共文化责任的"合法性限度"，其核心要义就是保障公民的基本文化权利。而且，"基本性"的标准是随着国家文明富裕程度不断变化的。2011 年 10 月 18 日通过的《中共中央关于深化

---

① 王载册、钟丽萍：《论公共文化服务的基本性》，《江汉论坛》2013 年第 10 期。

文化体制改革推动社会主义文化大发展大繁荣若干重大问题的决定》，把"看电视、听广播、读书看报、进行公共文化鉴赏、参与公共文化活动"① 作为人民群众的基本文化权益。2015 年《关于加快构建现代公共文化服务体系的意见》专门提出"保障特殊群体基本文化权益。将老年人、未成年人、残疾人、农民工、农村留守妇女儿童、生活困难群众作为公共文化服务的重点对象"②。要求根据国家经济社会发展水平和供给能力，明确国家基本公共文化服务的内容、种类、数量和水平，明确政府保障底线。③ 由此可见，公共文化产品和服务的"基本性"，是一个动态的、相对的概念。

青海藏区公共文化产品的"基本性"，除了旨在满足农牧民基本文化权益的价值共性外，还具有一定的特殊性。上述涉及的"地域性""民族性"都从不同角度折射了这一点。实际上，人们对文化的需求本身就是多层次、多样性的。居住偏远、以畜牧业为生的青海藏区广大农牧民群众，对公共文化产品的需求和其他地区肯定有着明显的差异，如这里的公共文化信息共享工程，除了在技术支撑方面会受到高寒、高海拔自然条件的影响，提供的产品内容也多是贴近农牧民生活的，在载体上有相当一部分是用民族语言文字制作的，只有这样群众才看得懂。国家的许多文化下乡工程，在青海藏区如果不考虑到这些特殊性，效果无疑会大打折

① 《中共中央关于深化文化体制改革推动社会主义文化大发展大繁荣若干重大问题的决定》（单行本），人民出版社 2012 年版，第 23 页。
② 中共中央办公厅、国务院办公厅印发：《关于加快构建现代公共文化服务体系的意见》（中办发〔2015〕2 号），第 6 页。
③ 同上书，第 7 页。

扣。这实际上也告诉我们，实现群众基本文化权利的前提一定是因地制宜、按需供给，不可能整齐划一。所以，青海藏区公共文化的"基本性"，更多突显的是政府在保障农牧民群众基本文化权利中的"强势"地位，政府主导提供的文化产品立足于满足农牧民群众的实际需求，也就是兼顾其"特殊性"。

第二节 公共文化产品功能

公共文化产品，是指能为最广大、最普遍的社会公众接触或享用的具有物质或精神享受的公共产品。具体些讲，是政府以满足社会公众的基本文化需求为目的，以提高全体公众文化素质和文化生活水平为立足点，组织公共部门或准公共部门生产的基本精神文化享受，是维持社会生存与发展所必需的文化环境与条件的公共产品。基于此，我们把现阶段青海藏区公共文化产品功能做以下几个方面的概括。

一 培育农牧民群众文化素养

文化是人们长期创造并经过社会历史积淀的产物，是人类群体或社会的共享成果，这些共有产物不仅包括无形的价值观、语言、知识，而且包括有形的物质对象。文化一词我国最早出现在西汉刘向的《说苑·指武》中，"圣人之治天下也，先文德而后武力。凡武之兴，为不服也；文化不改，然后加诛"。显现出中国传统"文化"具有很强的道德教化意识，而这种道德教化的具体体现存在于一种文化活动。在西方，泰勒（Edward B. Taylor）提出文化是"包括知识、信仰、艺术、道德、法律、习惯以及其他人类作为社会成员而获得的种种努力、习性在内的一种复合的整体"①。

从中国历史发展和现实需求看，大到中华民族集合体，小到一个实体民族，文化都是其重要特征，是最具生命力、凝聚力和创造力的源泉。而一个国家、一个民族的文化素养，则是考量文化发展能力的重要尺度，是提高综合竞争力的重要条件。作为社会个体的每一分子，其文化素养并不是先天就有的，是后天养成的。一般认为，公民文化素养是一个非常宽泛的话题，不同国家、不同社会发展条件下，"素养"的内涵不尽相同。但其基本要素有科学素养、道德素养、人文素养等。在我国现阶段，科学素养主要指公民对科学概念和科学理念的理解能力，公民对科学的认知能力、公民在个人生活和生产中运用科学文化的能力。② 道德素养主要指公民自我教育、自我约束所养成的道德水平和道德境界。其关键在自身，但也离不开良好社会条件的浸润。在今天，公民无论什么民族属性，有无宗教信仰，爱国、敬业、诚实、友善是必须遵守的基本道德规范。人文素养反映的是人在社会中的人文体验和在文化交流中的人文知识的基础上，通过自身的认定、积淀、拓展而追求人全面发展和社会进步的精神态度，倡导高品质的人格修养，善于尊重他人、关爱社会、认识自我、维护环境的心理品质。③

---

① ［英］爱德华·B.泰勒:《原始文化》，连树声译，广西师范大学出版社2005年1月版。

② 刘书雁、翟玉晓、戴同斌:《关于公民科学素养的几点思考》，《科技创业》2011年第2期。

③ 张喆:《我国公民文化素养研究》，《齐鲁工业大学》2013年5月。

　　青海藏区农牧民群众的"文化素养"，带有明显的社会发展阶段特征和地域民族特点，培育农牧民群众文化素养的任务较之其他地区更为艰巨和复杂。作为青海藏区生产生活主体的农牧民，他们素质的高低决定着地区社会经济发展的速度和质量，决定着农牧业现代化发展步伐和发展水平，也由此决定着整个国家社会主义建设战略目标的实现。而从目前青海藏区的实际情况看，农牧民群众文化素质还普遍偏低，对现代科学技术的掌握非常有限，特别是在交通不便、信息闭塞的纯牧业区，绝大多数牧民基本上不会说也听不懂汉语，对现代知识的理解非常困难，以宗教为核心的传统文化及思维惯式依然发挥着不可低估的作用。目前，青海藏区有一个看似与公共文化关联度不大的难题，这就是藏区习惯法以"蛰伏"的形式存在于藏区社会，甚至有所"回潮"并以"活法"作用于藏区社会，国家制定法被藏区习惯法挤压，这里就有一个社会土壤问题，就是少数民族群众对国家制定法缺乏基本认知，现代社会依法治理的观念几乎为零，而宗教意识的强大，使得藏区习惯法拥有丰厚的社会土壤，因为它的大部分内容源于藏传佛教，部分条款就是宗教戒律。藏传佛教教义认为：杀人是最大的杀生，而杀生是有罪的，为了仇杀而告发他人也是有罪的。因此，全民信教导致习惯法依托于宗教具有了持久的生命力。同时，宗教权威的现实普遍存在，宗教在超度死者、解决纠纷方面起到了重要作用。由于缺乏崇尚法律、服从法律的原生土壤，农牧民群众学习和适应现代法律制度困难重重，法律信仰只是一种概念性的话语。当一些群众面对利益矛盾和冲突时，不懂得依靠国家法律解决问题，要么忍气吞声，要么采用武力、报复等极端方式，如现实生活中出现的发生刑事案件、交通事故、草山地界及群体械斗中致人死亡时，习惯于沿用封建部落制社会形成的"习惯法"赔偿或强行索要（血）命价、退（出）兵费等，"信民间调解，信宗教代表人士不信政府"的现象不在少数。

在这样一种背景下，农牧民的创新意识、市场意识、公民意识以及对国家政策的知晓程度也就可想而知。尽快改变这一状况，是党和国家、青海省和藏区各级政府致力于解决的重点。藏区公共文化建设也自然担负着这样一种使命，各级政府通过提供适宜于不同层次的公共文化产品，通过广泛的公益文化下基层活动，通过科普下乡、下农牧区，通过农牧家书屋和信息共享工程等，向广大农牧民群众普及适于现代社会生产生活的文化知识、法律知识、科技素养及基本技能，提升底层民众的整体素质，塑造行为规范，为提升社会文明程度和社会凝聚力创造良好的文化发展土壤。当青海藏区的广大农牧民群众能够以理性和符合现代社会发展的方式对待和处理形形色色的矛盾和问题时，国家和藏区各级政府的公共文化建设也就具有了实质性的意义。

二 引导民族文化发展方向

青海藏区是一个多民族、多文化地区，在历史发展的长河中共同创造了灿烂的文明，文化成为推动民族团结、经济社会发展的精神支撑和重要力量。但是，"从学理上讲，任何一种文化作为特定民族的具体文化形态来看，都有自身的特殊性和局限性，存在着主体文化价值与社会主流价值的一致性与矛盾性。在文化多元、价值多元的条件下，一个社会往往会运用主流文化对其他文化进行引领、调试和整合"①。
公共文化产品对政治意识形态具有的外部效用，使其在弘扬
中华民族道德精神，树立共同的民族文化价值观方面发挥教
化功能。社会主义核心价值观正是体现时代精神特征的先进
文化和价值理念，引领着各民族文化的发展方向。当前，青
海藏区正处在改革发展的关键时期，人民生活水平不断提
高，文化需求日益增长，对外开放不断扩大，社会转型步伐
加快。同时，信息渠道剧增，社会思潮多元，人们思想多
变，利益诉求多样，意识形态工作面临复杂形势，对文化建
设提出了新的更高要求。青海藏区要发展与时代精神相一致
的区域文化、民族文化，迫切需要发挥社会主义先进文化的
教育引领作用，弘扬社会主义核心价值观，巩固共同思想道
德基础；迫切需要发挥文化滋润心灵、陶冶情操的作用，让
群众共享文化发展成果，获得思想教益和精神满足，提高文
明程度，为青海藏区全面建成小康社会、实现经济跨越发展
提供坚强思想保证，为民族团结进步先进区建设的健康和谐
推进提供丰厚的文化土壤和智力保障。

　　文化是一个社会、一个时代重要的精神支柱和价值导
向，文化不仅是凝聚人心的有效手段，更是形成地方良好社
会风气的风向标。文化所产生的巨大影响力，不仅对一个地
区的形象具有重要的展示、塑造作用，同时深深影响着社会
的进步和人们的日常生活。文化作为一种"软实力"，它不
仅具有明显的存在方式，渗透在社会发展的全过程，而且它

---

① 关桂霞：《各美其美多元共生和谐发展——青海民族文化发展的几点认识》，《青海社会科学》2012 年第 4 期，第 92 页。

主要体现在对人的精神的塑造上。① "'文化如水，滋润万物，悄然无声'，文化建设要靠天长日久，日积月累，才能水到渠成。"② 社会主义先进文化、社会主义核心价值观，只有根植于民族民间大众文化，在草根层面培植起生根开花的土壤，才有可能在青海藏区真正发力。毫无疑问，这也正是青海藏区公共文化建设的重任。

随着经济发展、社会转型，人们思想的多元化，境外藏独势力利用互联网、手机和"美国之音""自由亚洲电台"等媒体宣传常态化，妄图占领藏区意识形态主流宣传阵地，他们大力造势，鼓吹煽动，有害信息传播速度快，技术防控难度大。在青海藏区地处偏远的纯牧区，广播、电视主流宣传工具还无法全覆盖，僧俗群众只需地面卫星接收器就可以收看境外藏独势力的广播、电视节目，收听境外信息简单容易，使我们在媒体宣传舆论斗争方面非常被动，主流舆论宣传阵地的作用十分有限。特别是对僧尼的教育引导依然是薄弱环节，政府花大气力搞的"平安寺院"建设和"法律进寺院"活动，并没有从文化层面切实渗透，应急性和形式化的集中宣讲，往往是一片云一片雨，无法生根落地，多数僧尼对社会主流价值观不了解，对国家倡导的社会主义"主旋律"，以爱国主义为核心的民族精神和以改革创新为核心的时代精神等这些关乎文化发展方向的意识没有多少概念。现在，政府在抓公共文化进寺院工程，这绝非是建几个书屋，修几

---

① 关桂霞：《各美其美多元共生和谐发展——青海民族文化发展的几点认识》，《青海社会科学》2012年第4期，第94页。

② 同上书，第92页。

处文体活动场所，收看几个电视频道的"有形活动"，更是一场无形的文化战略行动，政府通过一系列公共文化产品和服务载体，彰显社会主流文化，诠释党和国家的方针政策，凸显社会主义意识形态在多元价值观中的引领作用。在复杂多变的国际环境中，藏传佛教文化无论是作为文化软实力之一，还是作为意识形态的一元，都有着重要的文化战略意义。如何确立社会主义先进文化在社会政治层面的主流地位，最大限度地规避宗教对青海藏区社会发展的消极影响，积极挖掘、弘扬藏传佛教思想文化的合理因素，使之有机融入当代社会和谐文化建设中，真正"激活"藏传佛教文化中的优秀成分，成为充满生机和活力的新的民族精神的有机组成部分，藏区的公共文化承担着重要职责。从长远来讲，要使民族认同及国家意识趋同更多地成为青海藏区广大民众内心的自觉行为，必须有文化的支撑，同样，青海藏区抑或全国其他民族地区，社会稳定的基础也应该是主流价值观的引导，人们对国家、法律、秩序的信仰与尊重，在道德及文化层面建立起信任的合作基础，这样，民族团结、社会稳定的目标才有可能真实长久。

三　建构共有精神家园

"精神文化是人类生存与发展的最高境界，它充满着渴求，汲汲于探求宇宙和人类社会的奥秘。然而，它又十分脆弱，需要有居所皈依，需要有家园栖息。于是，就逻辑地对人们提出了营造'精神家园'的命题。"① 美国著名文化人

---

① 纪宝成：《弘扬中华优秀传统文化建设民族共有精神家园》，《教学与研究》2008 年第 4 期，第 5 页。

类学家露丝·本尼迪克特（Ruth Benedict），在她的代表著作《文化模式》开篇引用了迪格尔印第安人一句话："开始，上帝就给了每个民族一只陶杯，从这杯中，人们饮入了他们的生活。"① 其根本意义上就是饮入了精神文化。每一个民族，不管人口多寡、社会经济发展水平高低，都有属于自己的精神家园，如共同的神话传说与历史记忆、共同的文化特性与价值取向、共同的精神气质与心理特征，包括宗教信仰等。精神家园的存在与否及其境界的高低，是考量一个国家、一个民族、一个地区精神文化自觉以及综合实力强弱的重要尺度。《中共中央关于深化文化体制改革推动社会主义文化大发展大繁荣若干重大问题的决定》指出："建设优秀传统文化传承体系。优秀传统文化凝聚着中华民族自强不息的精神追求和历久弥新的精神财富，是发展社会主义先进文化的深厚基础，是建设中华民族共有精神家园的重要支撑。"② 怎样认识"精神家园"的内涵？学界提出"精神家园是一个民族在文化认同基础上产生的文化寄托和精神归属，是一个民族经过长期的历史积淀所形成的特有的传统、习惯、风俗、精神、心理、情感等。民族文化及民族精神是一个民族精神家园存在的基础，是一个民族的精神支柱，是一个民族不竭发展的动力源泉"③。精神家园是一种文化认

---

① ［美］露丝·本尼迪克特：《文化模式》，王炜等译，社会科学文献出版社 2009 年版。

② 《中共中央关于深化文化体制改革推动社会主义文化大发展大繁荣若干重大问题的决定》（单行本），人民出版社 2011 年版，第 25 页。

③ 高永久、陈纪：《中华民族共有精神家园的内涵与价值核心》，《科学社会主义》2008 年第 2 期。

同，"中华文化是中国 56 个民族和各地区在长期历史发展过程中积淀下来的，是中华民族认同的主要依据"①。

当然，对于"建构中华民族共有精神家园"的命题和内涵，人们的认识还存在很大偏差，有人认为这是汉民族文化同化少数民族文化的实践，有人认为这是以儒家文化为根本的改造其他民族文化的过程，还有的认为这就是一个官方提出的一个宏大叙事，没有可能落地，如此等等，这些认识的焦点是如何认识和看待少数民族文化价值的问题。在 2014 年 9 月 28 日召开的中央民族工作会议上，习近平同志指出："加强中华民族大团结，长远和根本的是增强文化认同，建设各民族共有精神家园，积极培育中华民族共同体意识。文化认同是最深层次的认同，是民族团结之根、民族和睦之魂。文化认同问题解决了，对伟大祖国、对中华民族、对中国特色社会主义道路的认同才能巩固。"② 很显然，中华民族共同体意识就如同中华民族集合体概念一样，也是一个文化集合体，优秀的少数民族传统文化，自然是培育"共同体意识"的基座，是中华民族共有精神家园的重要组成部分。

"文化的发展代表着一个民族的进步，它不仅是文化传承的基本条件，而且也是文化创新的标志和文化活力的体现。"③ 建构各民族共有精神家园的路径有很多条，而公共文

---

① 周伟洲：《中华文化与中华民族共有精神家园的建设》，《民族研究》2008 年第 4 期，第 15 页。
② 《习近平在中央民族工作会议上的讲话》（中央文件），2014 年 9 月 28 日，第 27 页。
③ 关桂霞：《各美其美多元共生和谐发展——青海民族文化发展的几点认识》，《青海社会科学》2012 年第 4 期，第 91 页。

化建设则是非常重要的平台，这对青海藏区而言尤为如此，通过科学、合理布局公共文化设施，提供丰富、多元化的公共文化产品，通过公共文化活动与实践，积极推动共有精神家园的建设，通过对文化资源的合理有效配置，形成良好的文化生态，在文化福利惠及农牧民群众，保障其享受基本文化权益的过程中，夯实建构共有精神家园的区域文化基础。

"公共文化是在文化的精神品质上具有整体性、公开性、公益性、一致性等内在公共性特征的文化，它培养人们的群体意识、公共观念以及文化价值观念上的群体认同感和社会归属感，追求文化的和谐发展与文化整合。"① 建构中华民族共有精神家园，离不开大众传媒的宣传普及，如广播、电视、报纸、杂志、书籍、网络等可以方便、快捷地将信息传递出去，通过多样、双向的交流，使主流文化最大发声并产生广泛影响，毫无疑问，这也是藏区公共文化建设的重要内容。

四　抵御民族分裂势力之文化基础

如前所说，青海的几个世居少数民族群众基本上信仰某种宗教，信教群众占到全省总人口的52%以上，纯牧业区比例高达60%以上，玉树、果洛高达90%以上。历史上各民族因宗教的社会政治地位不同、信仰不同以及引发的矛盾、冲突很容易沉淀到民族心理中，② 并成为当代民族分裂势力

---

① 万林艳：《公共文化及其在当代中国的发展》，《中国人民大学学报》2006年第1期，第98页。
② 关桂霞：《青海民族关系发展态势研究》，《青海民族大学学报》（社会科学版）2013年第4期，第69—70页。

利用的历史资源。从现实情况看，以美国为首的西方反华势力，以"达赖集团"为核心的民族分裂势力，都把青海藏区作为重点区域进行分裂渗透。近几年，青海藏区发生的一些恶性事件，就其性质而言已远远超出民事纠纷的范畴，在错综复杂的原因背后，除去历史上遗留的积怨、现实的发展差距、不同宗教文化体系的差异等外，境内外敌对势力的蓄意煽动破坏是重要的因素。借内部问题挑起事端，借民族宗教问题来达成自己的政治意图，这已成为他们最经济也最有效的手段。在青海藏区藏传佛教势力大的地区，境内外各种分裂势力都把注意力聚焦在争夺群众上。达赖集团企图通过争夺转世活佛认定权和寺院控制权，企图通过控制一个活佛来控制一座寺院，进而控制一个地区的僧众和信众。一般来说，渗透主要是寺院——僧人——信众——社会这种传递方式。在新媒体逐步占据主导的时代，信息网络的作用会使这种顺序实现零距离对接。十四世达赖丹增嘉措出生于青海省平安县，其外逃时，青海境内随达赖集团流亡境外的藏胞近万名，不少人已成为集团中上层的重要骨干，并对青海藏区信众施加影响。为了达到自己的政治目的，达赖集团以修建寺院、学校、路桥等公益项目为名，通过捐款、捐物、捐赠宗教文化用品以及民族文化书籍等多种方式，来笼络人心，它产生的实际效果是提高了境外宗教人员在国内的声望，扩大了他们的影响，这对青海藏区的安定团结是一种最大的威胁。

如是说，似乎和政府的公共文化没有多大关系，而我们却认为，如果青海藏区的反分裂斗争能够做到"高处着眼，近处着手""战略着眼，策略着手""政治着眼，文化着手"，维稳的成本也许就不会这么高。对达赖集团利用非法出境人员携带、散发的大量"藏独"方面的传单和宣传品，除了抓好进口和市场监管外，从长远和根本之策讲，就是抓好思想文化教育。公共文化理所当然地承担着重要职责，其道理无须多言。我们面临的现实问题是：同达赖集团的斗争，将是一个长期艰巨的过程，要赢得斗争的主动权，就必须团结依靠广大僧尼和信教群众，要避免用简单的、政治斗争的方式解决思想认识问题。从国家政策层面上讲，民族问题、宗教问题与借民族、宗教进行分裂、渗透等政治问题是有根本不同的，但在全民信教的地区，实际情况要复杂得多。在当代社会，宗教界人员作为一种具有特殊社会属性的公民而存在，然而在青海宗教传播面广、影响力较大的藏区，这一群体往往对自身的公民身份认识模糊不清，在传统惯性的影响下，加之对其宣传教育的滞后，不少宗教人员的公民责任感淡薄，认为国家的法律、法规和自己没有多大关系，我只要念好经就行了。

很显然，在一个多民族国度、多民族地区，民族和睦、社会和谐，固然离不开法律与制度的保障，但同样也离不开对民众的文化熏陶，离不开公共文化建设的引领。近几年，国家和青海省日益重视寺院的公共服务，包括公共文化建设，让身居偏僻地区和"超世俗"的僧尼，能够通过现代公共媒体及时了解掌握党和国家的大政方针，了解国家的发展变化，并能够分享到改革发展的成果。只有包括广大僧尼的底层民众强大了，青海藏区抵御民族分裂势力的力量就强大了。从这个层面讲，青海藏区的公共文化建设也就绝不仅是一场"文化工程"。

第四章 青海藏族聚居区公共文化产品供给能力

　　在青海藏区的公共文化服务体系架构中，公共文化产品是基础和前提。公共文化产品供给，简单讲就是公共文化产品由生产者最终到达消费者的过程，当然，这是一个动态与系统化的实践过程。党的十七届六中全会以来，青海省委省政府调整文化发展思路，相继出台了《关于加快文化改革发展建设文化名省的意见》《青海省"十二五"文化发展规划》《关于实施"十二五"文化建设"八大工程"的意见》《关于进一步加强基层文化建设的意见》等政策性文件，进一步明确各级政府职责，提升公共文化产品供给能力，特别是针对6个藏族自治州文化建设做出新的部署和要求，制定保障措施。按照"政府主导，社会参与，机制灵活，政策激励"的原则，初步形成了政府与社会团体、民间个人平等参与、紧密合作、良性互动的多元供给格局，基本上保障了农牧民群众的基本文化需求，但同时也存在着供给能力的明显不足。

第一节　一般性分析

青海藏区公共文化产品的供给主体，主要有省、州、县三级文化主管部门、乡镇文化站、街道和社区居民委员会、"三馆"（文化馆、群艺馆、图书馆）及其他公益性文化事业机构，还有文化企业和其他社会组织机构，但绝大多数公共文化产品是由政府生产和提供，发挥了文化发展的主导作用。在国家的扶持和各级政府的努力下，依托各种公共文化惠民工程，青海藏区公共文化建设呈现"短、平、快"，在这一系列的工程建设中公共文化产品供给能力不断彰显。目前，青海藏区五级公共文化服务网络覆盖率达到95%；广播、电视人口覆盖率分别达到90%和95%，全省49个公共图书馆、55个文化馆、16家博物馆、349个乡镇综合文化站全部免费开放①，公共文化服务体系不断完善，能力不断增强，农牧民群众的精神文化生活日益丰富多彩。

一　文化信息资源共享工程

"文化共享工程"是由文化部、财政部组织实施的一项推进社会主义文化繁荣发展的创新工程，"它采用现代信息技术手段，对中华优秀文化资源进行数字化加工、整合，利用覆盖全国的计算机网络和公共文化服务机构，实现优秀文

---

① 李欣：《"八大工程"为青海建设文化名省插上腾飞的翅膀》，《青海日报》2015年6月8日。

化信息资源在全国范围内的共建共享"①。正在成为新时期大力构建公共文化服务体系的推动力和支撑点。"国家要求实施'共享工程'要依托现有的文化设施网点,以各级公共图书馆为实施主体。因此,它与基层文化设施网点建设、图书馆网络化、数字化建设紧密相关,互为促进。"②

青海与全国同步完成"共享工程"各阶段的工作任务,藏区6州主要是以农牧区县及乡镇文化站为纽带,"通过与农村中小学现代远程教育工程、农村党员干部现代远程教育工程结合,把网络资源传递给农牧民,现已初步形成以电子阅览室、数据加工室、中心机房为支撑的共享工程运行体系"③,成为公共图书馆信息化建设的重要支撑。截至2011年12月底,"建成省级分中心1个,县级支中心43个,覆盖率达到100%;乡镇基层服务点240个,覆盖率达到80%;行政村基层服务点4170个,覆盖率达到100%"④。

(一)以图书馆为主体的文化信息资源共享网络初步形成

目前,共享工程的基层站点布局主要依托于各地图书馆、文化站、活动室等基层文化站点。其中,公共图书馆是青海藏区文化共享工程发展的主体,"目前青海省文化共享工程县支中心已建有中心机房、综合数据室、电子阅览室,

---

① 许建业、陆忠海:《当代中国文化共享工程与基层公共文化服务的发展》,《艺术百家》2010年第7期。

② 何启林、关桂霞:《青海农牧区文化信息资源共享工程调研》,《青藏高原论坛》2013年第4期,第118页。

③ 刘润玲:《对加强农牧区公共文化设施建设的思考》,《群文天地》2012年第3期,第79页。

④ 孙亮:《青海省文化信息资源共享工程建设现状及对策》,《群文天地》2012年第6期,第85页。

硬件配备有 PC 服务器、磁盘阵列、交换机、防火墙，还有投影仪、非线编系统、台式计算机、液晶电视、多媒体触摸屏、数码照相摄像以及卫星接收等设备；软件配备有 IN-TERLIB 图书馆自动化管理系统和 TPI 数字资源加工与管理系统；馆域网出口采用光纤专线或 ADSL 方"①。省上每年安排一定资金用于 1—2 个州级图书馆新建或扩建，其中省级财政解决 80 万元，州级财政配套 20 万元，目前已建设使用的有海南州图书馆、果洛州图书馆、格尔木图书馆。对于县级图书馆，省财政投入 40 万元，县财政配套 10 万元，用于购置图书和设备。同时为每个县投资 20 万元购置一辆流动服务车，配有桌椅、电视、投影仪等。对 14 个县级"两馆"进行维修改造，建成 140 个公共电子阅览室；省图书馆及 6 个藏族自治州数字图书馆以及乡镇文化站电子阅览室工程正全面推进。在 2013 年 10 月 31 日文化部公布的《第五次公共图书馆评估定级上等级图书馆名单》中，海西州图书馆被评为二级图书馆，果洛州图书馆被评为三级图书馆；全省 12 个县级图书馆被评为三级图书馆，其中 6 州所辖县图书馆 4 个，格尔木市成为首批创建国家公共文化服务体系示范区。在继 2014 年第一次为 19 个县级公共图书馆配发流动图书车后，2015 年又从文化部、财政部争取资金 456 万元，集中为海西州、玛多县等 23 个连片贫困地区州、县级公共图书馆配发流动图书车 23 辆。②

① 孙亮：《青海省文化信息资源共享工程建设现状及对策》，《群文天地》2012 年第 6 期，第 85—86 页。
② 朱西全：《我省为 23 个公共图书馆配发流动图书车》，《西海都市报》2015 年 7 月 8 日。

（二）三种传输方式互补发挥功能

青海藏区文化共享工程资源传输主要采用三种方式，即互联网或电子政务外网、光盘及移动硬盘、卫星网。在一些不具备互联网接入条件的网点，卫星网成为主要的资源传输方式，可同步接收共享工程国家中心投递的各种资源，建设成本低、周期短、覆盖面广、传输速度快、接收效果好。光盘及移动硬盘是资源传输的主要辅助方式，采用大容量硬盘拷贝国家中心及省中心下发的相关资源，是一种既经济又便捷的资源传输方式。从长远发展来看，利用互联网或电子政务外网进行资源传输是最主要的传输方式，虽然目前在全省的农牧区还受到制约，但随着信息化基础设施建设资金投入的加大和环境的改善，此种传输方式会占据主导。[①]

二 乡镇综合文化站和村级文化室建设工程

乡镇综合文化站是政府举办的提供公共文化服务、指导基层文化工作和协助管理农村文化市场的公益性事业单位，是集书报刊阅读、宣传教育、文艺娱乐、科普培训、信息服务、体育健身等各类文化活动于一体，服务于当地农村群众的综合性公共文化机构。[②] 青海省委省政府对乡镇综合文化站建设高度重视，在地方财力有限的情况下，足额落实国家项目的配套资金，确保项目顺利实施。"十二五"以来，青海加大全省乡镇综合文化站建设工程，已"建成乡镇文化站

---

① 何启林、关桂霞：《青海农牧区文化信息资源共享工程调研》，《青藏高原论坛》2013 年第 4 期，第 120 页。

② 同上。

329 个，为 140 个乡镇文化站配发了音响、乐器等设备器材。实施文化'进村入户'工程，为 1454 个村文化活动室配备了图书、棋牌、音像制品等文体用品，为 623 个民间戏曲歌舞剧团、皮影社、曲艺队配备了服装、乐器、音响等演出器材"①。2014 年，省级财政为藏区每个乡镇、社区配备资金 5 万元，建设电子阅览室；实施藏区村级文化活动室建设工程，为 400 个行政村活动室配齐文化设备和器材；落实 4169 个行政村每村 1 万元的文化活动补助金。2015 年，以新农村新牧区建设"八项实事工程"，落实文化进村入户工程投资 6704 万元，为计划投资的 85%；完成投资 4667.5 万元，为落实投资的 70%。② 目前，青海藏区基本实现了县县有综合文化活动中心，乡乡有文化站，村村有文化室的目标。

三 "送书下乡"和"农（牧）家书屋"工程

始于 2003 年的送书下乡工程，由文化部和财政部共同实施，国家图书馆具体承办，财政部每年为送书下乡工程安排专项经费 2000 万元，旨在解决贫困地区图书馆（室）藏书贫乏、购书经费短缺的问题。工程实施以来，国家为青海藏区州、县级公共图书馆，部分乡镇文化站及村图书室等配发了大量图书，总体上解决了基层图书馆图书供给严重不足、图书室没书的问题。"文化进村入户"工程，主要配发畜牧业生产、农业实用技术、科普和文化艺术等为农牧民生

---

① 魏爽：《文化惠民，为百姓生活添彩》，《青海日报》2015 年 2 月 27 日。
② 解丽娜：《全省新农村新牧区建设 2015 年八项实事工程进展顺利》，《青海日报》2015 年 7 月 25 日。

产和生活提供帮助的图书。青海省财政每年安排 400 多个村，每村 5 万元，共计 2000 万元投入到藏区"文化进村入户"工程，截至目前，全省 2688 个行政村实施"文化进村入户"工程。2015 年，青海省委省政府"全省新农村新牧区建设 2015 年八项实事工程"中安排 6169 万元用于"文化进村入户"工程。

为了解决农民"买书难、借书难、读书难"的问题，2003 年国家提出"农家书屋"工程设想，并在西部省市先行试点，受到农民的普遍欢迎，成为我国新农村建设中农村文化建设的重要组成部分，也是青海省政府大力推进的民生工程，总投资 8338 万元，完成了覆盖全省的 4169 家农（牧）家书屋的建设；通过实施送书下乡工程，向全省各级公共图书馆配发价值 309 万元的各类图书 35 万册。省级财政每年为"农（牧）家书屋"充实 2000 元，用于图书报刊更新补充，不断提高读者阅读率。此外，新建和改造藏区 21 个县级新华书店，为 33 个县级新华书店购置流动售书车。

根据青海藏区藏传佛教寺院多、公共文化设施落后的实际，青海省文化和新闻出版厅划拨专项资金实施"寺庙书屋"工程，为藏区 745 个藏传佛教寺院（活动点）建设"寺庙书屋"，共配发图书 63.67 万册，2014 年又投资 149 万元对寺院书屋补充更新图书。

四　文化馆（群艺馆）建设和"送戏下乡"

依托不断完善的公共文化设施，青海藏区基层文化事业在保障人民群众基本文化权益、活跃农牧区文化生活方面的作用越来越突出。其中文化馆和群艺馆成为青海藏区公共文化产品供给的重要骨干力量。在全国第三次文化馆评估定级工作中，青海有 7 家基层文化馆被评为等级馆，格尔木、互助县文化馆进入一级馆行列。

文化事业单位以及社会团体，积极利用藏区传统节日、重大节庆、广场文化活动等载体，为基层农牧民群众提供精神文化产品。"十一五"时期，各级艺术表演团体"送戏下乡"各类演出 7800 余场，观众达 280 余万人（次）。① 全省农牧区群众文化活动开展呈上升趋势，活动内容趋向多元化，活动形式趋向多样化，参与人员趋向群体化，受益群众趋向规模化，农牧民群众的文化生活日渐丰富和活跃。各类节庆活动和农闲时节，基层文化场馆的主阵地作用得以发挥，许多广场演出、"花儿"主题音乐会、各种文化旅游节、艺术节等，各种适合农牧区特点的群众体育活动，如长跑、赛马、摔跤、射箭、篮球、乒乓球、拔河及棋类比赛等已成为当地群众喜爱的、生活中不可或缺的文化活动。目前，青海藏区农牧民自办文化中心户和文化大院 1257 户，自办业余剧团 150 多家，演职员 3500 名，演出的剧目包括秦腔、眉户、平弦、贤孝、皮影戏、藏戏、格萨尔说唱、民族歌舞等。吸引了大批农牧民前来学习、娱乐，农村的戏台红红火火。各种公共文化产品服务工程和群众性文化活动工程，让青海藏区广大农牧民群众共享先进文化建设成果，通过形式多样的文艺表演、体育活动等调动藏区群众参与文化活动的

---

① 《青海省"十二五"文化发展规划》（2011 年 11 月 18 日），转吉狄马加主编《青海建设文化名省的理论与思考》，青海人民出版社 2012 年版，第 291 页。

积极性。与此同时，不断加大藏区民族民间优秀文化资源发掘、整理和保护工作，丰富公共文化产品供给资源。政府还通过举办"青海国际唐卡与非物质文化遗产博览会""玛域格萨尔文化艺术节""康巴艺术节"等活动，让热贡艺术、格萨尔文化、民族土风歌舞等独具青海藏区特色的文化艺术品牌，走向世界。

五　广播电视"户户通"升级改造和扩大藏语广播电视覆盖面

"十一五"时期，"村村通"工程使青海4898个20户以上的自然村能收看到图像清晰的广播电视节目。有线电视（包括数字电视）用户增至近50万户。全省广播电视覆盖率分别达到90%和95%，其中海南州的同德县实现广播电视和网络宽带全覆盖；"放映公益电影601场，基本实现了每个行政村每月放映1场"①。"十二五"时期公共文化设施建设工程重点"村村通"的建设是，解决藏区已通电自然村"盲村"及返"盲村"通广播电视。对藏区未通电游牧民群众逐步推进广播电视"户户通"，在藏区选取部分地区进行"村村响"试点工作。

建设高清电视及藏汉网络广播电视台，提升广播电视传输能力和公共服务水平；推进县级广播电视台示范台建设；完成直播卫星、地面数字广播电视覆盖。经过几年的努力，

---

① 《青海省"十二五"文化发展规划》（2011年11月18日），转吉狄马加主编《青海建设文化名省的理论与思考》，青海人民出版社2012年版，第292页。

青海藏区广播电视"村村通"任务基本完成,"户户通"建设力度和升级改造不断加大,而且覆盖面延伸到寺院,如2014年,青海省广电局投资2737.4万元,为37个县533座寺院安装直播卫星设备315套,配备24寸液晶电视850台,预计用两年时间全面完成广播电视进寺院。加大增加青海藏区大功率调幅中、短波发射机更新改造,扩大藏语广播电视覆盖面,提高省、州、县三级藏语译制能力,以及州、县级广播电视台站自办节目在农牧区的传输覆盖面。为确保青海藏区贫困农牧民群众收听收看广播电视的基本文化权益,2014年12月24日,青海省广电局正式启动"收音机进帐房工程",为青海藏区6州30个县的贫困农牧民群众发放12000台收音机。2015年6月1日颁布《青海省广播电视设施保护办法》,以制度化管理保障广播电视事业健康发展。

积极开发藏区题材的影视创作、舞台艺术生产、各类书刊及音像制品,并逐步进村入户,成为农牧民喜欢的公共文化产品。根据藏区实际积极实施国家"2131"电影工程,广播影视中心、电影院等基础设施得到一定改善,藏区州、县新建30座数字化影院。省民族语影视译制机构每年向藏区州、县广播电视播出机构无偿赠送译制节目25部、1154集,DVD光盘3万张。偏远分散地区配置了流动放映车,通过定点、流动、录像放映等多种方式,解决农牧民群众看电影难、看不懂电影的问题。2014年12月31日,"青海惠民农牧区数字电影院线有限公司"成立,本着"企业经营、市场运作、政府购买、群众受惠"的思路,保障农牧区一村一月一场电影的惠民政策落到实处。2015年3月27日,由青海广播电视台创作、投资并拍摄的电影《桑吉卓玛》首映式在青海剧场举行①,创作班底基本上来自青海本土,影片将通过电影频道、科教频道、青海广播电视台和网络播出,同时也将通过全国院线发行,在农村数字院线巡回展播。② 2015年5月1日,藏族导演万玛才旦第五部藏语电影《塔洛》在青海藏区海南州贵德县拉西瓦镇昨那村正式开机③,他因拍摄《静静的嘛呢石》《寻找智美更登》《老狗》《五彩神箭》等藏语电影,蜚声海内外,其中国百年电影史上第一部藏族母语电影《静静的嘛呢石》获得第二十五届中国电影金鸡奖等国内外重要奖项,被誉为藏族母语电影的开创者。④ 这些都是用母语为青海及藏区群众提供视觉文化产品的努力。

"西新工程"重点项目"青海安多藏语影视译制中心",总建筑面积10000平方米,总投资10363万元,其中中央预算内资金8550万元,地方财政配套资金1713万元,省广电局自筹资金100万元。青海藏区的农牧民群众有望看到更多数字译制的藏语电影。

据青海省通信管理局介绍,青海藏区"通信村村通"工程也在顺利推进,截至2013年年底,青海藏区通宽带行政村309个,占全省通宽带行政村总数的36.18%,占藏区行政村的18.8%;互联网宽带接入用户99017户,占全省的18.04%。2015年3月,"青海藏语网络广播电视台,除提

---

① 乔欣:《本土藏族题材电影〈桑吉卓玛〉昨日首映》,《青海日报》2015年3月28日。

② 《电影〈桑吉卓玛〉顺利杀青》,《青海日报》2015年4月3日。

③ 《塔洛》获第52届台湾电影金马奖(最佳改编剧本),2015年11月21日。

④ 才朗东主:《万玛才旦第五部藏语电影〈塔洛〉五一开机》,《青海日报》2015年6月12日。

供本台安多藏语卫视、广播视音频节目外，还是全球首家拥有藏语安多方言广播电视、康巴方言卫视、拉萨方言卫视节目的集成输出平台"①。在国家和青海各级政府、社会各界的积极支持下，青海藏区农牧民群众享受信息化发展成果的能力在不断提升。

六　初步建成覆盖城乡的全民健身公共服务设施

公共体育设施是公共文化建设的重要内容。"十一五"时期，在国家和青海省的积极努力下，青海藏区公共体育设施严重缺乏的状况有了明显改善。2011年12月，结合全省实际出台了《青海省全民健身计划》（2011—2015年），明确规定县级以上地方政府要按照《全民健身条例》规定，将全民健身工作所需经费列入本级财政预算。加大体育基础建设和重大全民健身活动的经费投入，对公益性全民健身事业单位和服务机构给予必要的经费保障。截至目前，全省建成"州、县两级体育馆39个，全民健身中心24个，州级体育场3个、赛马场等民族体育场馆26个，射箭场75个"②；全省30%社区建有健身步道，新建3个州级体育场、9个以赛马场为中心的民族体育场馆、24个县级文化体育活动场馆。基本实现80%以上的州、县建有"文化体育活动馆"，70%以上的乡镇建有灯光篮球场，有条件的公园、绿地、广场建有体育健身设施。仅2013年，省上就投资1.68亿元，重点

---

① 李欣：《青海网络广播电视台、青海藏语网络广播电视台上线》，《青海日报》2015年3月30日。

② 李欣：《"八大工程"为青海建设文化名省插上腾飞的翅膀》，《青海日报》2015年6月8日。

实施果洛、黄南、海南、海北4个州级民族体育活动场馆和玛沁、班玛、尖扎、河南、兴海、贵南、都兰、乌兰、海晏、门源10个县级民族体育场建设项目。根据青海藏区实际，将寺院僧侣纳入全民健身覆盖人群，举办寺院僧侣体育健身指导员培训班，为扩大全民健身范围做出有益尝试。第六次全国体育场地普查数据显示，青海已建成并投入使用符合场地普查标准的各类场地近八千个，平均每万人拥有体育场地13.81个，人均体育场地面积1.62平方米，均高出全国水平。[①]

各级政府遵循"因地制宜、业余自愿、小型多样、就近就便"的原则，利用传统节日和农（牧）闲季节，积极开展"体育下乡活动"，具有民族特点和地区特色的传统体育活动，如射箭、赛马、摔跤、拉巴牛等民族传统体育项目成为青海藏区公共文化体育项目的重要组成部分。开展"少数民族传统体育项目之乡"建设，举办以民族优秀体育项目为主要内容的体育竞赛和活动，活跃农牧民群众的文化生活，扩大民族民间传统体育的影响力。

第二节　六州实景扫描

全面描述青海藏区公共文化产品供给能力是非常困难的，在第一节中，主要通过国家和青海省等不同层级实施的各种公共文化建设工程，特别是最近几年来重点实施的公共

---

① 王宥力：《我省人均体育场地面积高于全国水平》，《青海日报》2015年8月3日。

文化惠民工程取得的成效来反映藏区公共文化产品供给能力，但限于内容庞杂，只能择其要进行表达。本节在介绍6个藏族自治州自然概况和行政沿革的基础上，对近几年来公共文化发展综合情况直接实景扫描，进一步认识藏区公共文化建设环境以及产品供给状况。

一 海南州

(一) 自然概况和行政沿革

海南州全称为海南藏族自治州，地处著名的青海湖之南，故名海南，是青藏高原的东门户，自治州首府驻共和县恰卜恰镇。全州土地面积4.45万平方公里，占全省总面积的6.18%，辖共和、贵德、贵南、同德、兴海5县36个乡镇。全州平均海拔在3200米以上，属典型的高原大陆性气候，春季干旱多风，夏季短促凉爽，秋季阴湿多雨，冬季漫长干燥。海南地区远在7000年前就有了人类活动，考古发现有新石器时代中、晚期马家窑文化、齐家文化和铜石并用时代的卡约文化遗址，有汉代墓葬和城垣遗址。秦汉以前属羌戎地，西汉前期纳入中央王朝建制体系。其后，曾成为吐谷浑、吐蕃的属地。元、明、清时期，中央王朝均设立机构管辖这一地区。辛亥革命后，设立贵德县，青海建省后，又先后设共和县、同德县、大河坝设治局（后改为兴海县）。1949年9月海南解放，1953年12月6日，海南藏族自治区宣布成立，根据宪法规定，1955年更名为"海南藏族自治州"。

(二) 公共文化建设近况

近年来，通过实施广播电视村村通、西新工程，全州电视覆盖率已达92%，广播覆盖率达90.8%，基本建立了覆盖州、县、乡、村四级的公共文化服务网络。仅2010—2013年，中央财政累计投入资金10677.81万元，省级配套投入资金100万元，重点实施州、县、乡、村四级文化站、图书馆、文化馆、体育场、"农（牧）家书屋"等项目。目前，"已建成33个乡镇文化站，423个农牧家书屋，行政村文化室115个，宣传文化中心2个，宣传文化站20个，文化大院71个，文化中心户176个，爱国主义教育基地15个，科普教育基地1个"①。建成体育场地3处，标准田径运动场4个（学校塑胶运动场3个），综合体育馆1个，综合健身中心1个，篮球场48片，乒乓球45台，其他公共健身器材57件，室外灯光篮球场2个，配置全民健身路径24条，投资1000万元的环青海湖民族体育圈项目"幸福滩民族赛马场"已建成使用。共和、贵德、兴海对县文化馆进行维修扩建，建成面积约为400平方米的文化馆。投资2403.35万元建成共和县群众民族体育活动综合馆（射箭馆），占地面积7535平方米，是青海省唯一的一座民族传统室内射箭馆，钢屋面框架结构，地上3层，内设射箭场，箭道长110米、宽20米。馆内设有看台座位1459个，拥有篮球场、羽毛球场、排球场、乒乓球场、LED显示屏等比赛设施。2014年8月这里曾成功举办全省民族传统射箭比赛。州、县专业文艺团体每年开展"送戏下乡"及面向广大人民群众的节庆文艺演出活动120余场次，乡镇文化站年均开展各种文化活动80场

---

① 何启林、关桂霞：《青海农牧区文化信息资源共享工程调研》，《青藏高原论坛》2013年第4期，第120页。

次，村文化活动室为主体的各种文化活动200场次，举办乡镇一级的民族传统体育赛事约计20场次。截至目前，海南藏族自治州已组建了射箭、赛马、足球、篮球、登山、台球协会等9个，让草原雪山深处丰富多彩的文体活动遍地开花。全州年免费电影放映达5000场（次），举办了3届全省藏族情歌大赛、1届全州扎念弹唱大赛和1届全州锅庄舞大赛。环湖赛、水与生命音乐节、世界杯攀岩赛、冬季黄河极限挑战赛等享誉国内外的大型文体活动相继落户海南。创作编排的大型藏族风情歌舞《多彩的家园——安多神韵》，被誉为难得一见的文艺精品；以格萨尔为题材的大型民族舞剧《雪域英豪——嘉察》也已搬上舞台，创刊发行了《翅雪杰姆》藏文版、《倒淌河》汉文版（现更名为《安多魂》）两种文学期刊。"藏族拉伊""尚优则柔""唱经调""扎年弹唱"4个项目列入国家级非物质文化遗产名录、"贵南藏绣""彩粉坛城""酒曲""鹿舞""藏棋"等6个项目列入省级非物质文化遗产名录。有国家级非物质文化遗产项目传承人1名，省级非物质文化遗产项目传承人4名。民族歌舞、石雕、藏绣、黄河奇石、根雕、民间布贴画等成为近年来文化产业重点项目，但整体呈现经营规模小，自我发展弱、小、散、乱现象突出。

在省广播电影电视局扶持下，州府所在地的共和县建成了龙羊景区土林影视基地、环湖影视基地、恰卜恰影视外景拍摄基地等影视产业基地。2015年7月29日，举行了"青海省影视外景拍摄共和基地"揭牌仪式和藏语电影《白牦牛》开机庆典，这是共和县文体广电局与青海白塔艺术文化传播有限公司，共同筹资110万元联合摄制的首部藏语儿童题材电影。①

二 海北州

(一) 自然概况和行政沿革

海北州全称为海北藏族自治州，位于青海省东北部，因地处青海湖北岸而得名。土地面积3.14万平方公里，占全省土地总面积的4.71%，辖门源回族自治县、祁连县、海晏县、刚察县和青海湖农场，30个乡镇。州府于1993年7月从门源县浩门镇迁至海晏县西海镇。海北州地域辽阔，境内平均海拔3100米以上，年平均气温0℃—7℃，无绝对无霜期，年降水量300—600毫米。独特的自然地理环境，造就了这里独特的生态系统，是黄河上游重要的水源涵养地，同时也是青海湖的主要水源补给地；是维系青藏高原东北部和河西走廊生态水系安全、控制西部荒漠化向西蔓延的天然屏障。

据史书记载，两汉和三国时期，海北属西羌牧地；南北朝至隋朝为鲜卑族吐谷浑所据；唐、五代属吐蕃王国，吐蕃王朝崩溃后，海北地区成为地方封建势力割据争夺之地。元太祖成吉思汗统一青海各地，设吐蕃等处宣慰司都元帅府于甘肃河州，海北归其管辖。明末为蒙古族麦力干等游牧地，清时为额鲁特蒙旗各部的牧地。直至1929年青海建省前，海北的属地及建制屡有变动。1949年9月，海北各地相继解放，1953年12月31日，海北藏族自治区人民政府宣布成立，辖门源回族自治县、祁连县、刚察县、海晏县。根据宪

---

① 建军、姜灵惠：《藏语电影〈白牦牛〉在共和县开拍》，《青海日报》2015年8月2日。

法规定，1956 年更名为"海北藏族自治州"。

（二）公共文化建设近况

以中国第一个核武器研制基地（原子城）著称，2005 年 11 月，被确定为"全国爱国主义教育示范基地"，2009 年 5 月 26 日举行开馆仪式，正式对公众开放。王洛宾先生的经典名曲《在那遥远的地方》就诞生于当地的金银滩草原。原子城纪念馆、西海体育场、王洛宾音乐艺术馆、州民族文化活动中心等一批公共文化设施成为标志性建筑。

"十一五"时期，文化固定资产投资 2.1 亿元，比"十五"时期增长 10 倍。进入"十二五"以来，投资 1 亿元实施乡镇综合文化站、文化进社区工程、文化信息资源共享工程等一系列文化惠民项目；在 2008 年创建 5 家农（牧）家书屋试点的基础上，现已建成 134 个农（牧）家书屋（累计总投资达 268 万元），建成 29 个乡镇文化站，17 个村级农牧民体育健身场地，9 个文化大院，11 个地区广播电视无线覆盖，84 个自然村和寺院"广播电视村村通"，118 个村"文化进村入户"。① 海北州"青海湖人文生态博物馆""门源岗什卡登山滑雪基地""刚察县'昆仑神祠'"等重点工程建设有序推进。88.15% 的行政村通固定电话；移动通信实现全覆盖；广播电视覆盖率 100%。

王洛宾音乐艺术节、门源油菜花文化艺术节、祁连山草原风情文化旅游节等成为在国内外著名的特色文化品牌。大型民族歌舞《碧海云天金银滩》《天边的情歌》等影视作品

---

① 何启林、关桂霞：《青海农牧区文化信息资源共享工程调研》，《青藏高原论坛》2013 年第 4 期，第 120 页。

和反映当地风土民情、人文历史、民族文化的音乐作品引起社会关注。有 3 项非物质文化遗产列入国家名录，8 项列入省级名录，有国家级非物质文化遗产项目传承人 1 名，省级非物质文化遗产项目传承人 11 名。海晏县被文化部命名为"赛马之乡"。民族服饰、民族歌舞、河湟剪纸、文化旅游等系列的文化产业初具规模。

三　海西州

（一）自然概况和行政沿革

海西州全称海西蒙古族藏族自治州，地处青藏高原北部，青海省西部，南通西藏，北达甘肃，西出新疆，是青、甘、新、藏 4 省区交往的中心地带。土地面积 30.09 万平方公里，占全省总面积的 41.7%。辖德令哈市、格尔木市、都兰县、乌兰县、天峻县、大柴旦行政委员会、冷湖行政委员会、茫崖行政委员会三县两市三个行政委员会，35 个乡镇。东部三县一市基本为农牧区，西部一市三行委为工矿区。自治州首府德令哈市。

海西州域主体为中国四大盆地之一的柴达木盆地，北靠阿尔金山、祁连山，南依昆仑山，矿产资源富集，被誉为"聚宝盆"。州内大部分地区在海拔 3000 米上下，年平均气温为 -5.6—5.2℃，属典型的高原大陆性气候。海西历史悠久。古为西羌地，东晋后期、隋和唐时，先后为吐谷浑和吐蕃政权所控制。明初东蒙古诸部进入，明末为西蒙古和硕特部所统治。民国时期直隶青海省政府。作为"丝绸之路"辅道，这里曾是中西文化交流的重要通道。国家重点文化保护单位都兰热水吐蕃古墓群和诺木洪塔里他里哈文化遗址，是海西悠久历史和先民优秀文化的见证。1949 年 9 月海西解放，1954 年 1 月 25 日，海西蒙古族藏族哈萨克族自治区宣布成立，1955 年根据宪法规定更名为"海西蒙古族藏族哈萨克自治州"，1984 年 5 月 26 日，海西哈萨克族迁返新疆，报国务院批准，1985 年 5 月 21 日更名为"海西蒙古族藏族自治州"。

（二）公共文化建设近况

"十二五"以来，海西州强化公共文化基础设施建设，落实各类资金 37853.1 万元，开工建设了都兰、乌兰等 6 地文化馆（图书馆）项目，实施乡镇文化站、农（牧）家书屋、文化进村入户等惠民工程，乡镇文化站、农家书屋、藏传佛教寺院寺庙书屋覆盖率达 100%。全州各级财政累计配套资金 428 万元用于公共文化场馆免费开放。州民族文化活动中心、州图书馆坚持全年无闭馆日，免费提供场地器材和辅导培训，举办大型展览展示和宣传活动，州图书馆专门设立民族图书借阅室，藏书达 5000 余册，2011 年以来连续 2 次被中国图书馆学会评为"全民阅读先进单位"。州博物馆举办各类展览 40 余场，接待观众 20 万余人次；全州各级文化部门免费开办各类艺术培训班近 40 期，培训学员 4000 余人次；全州组建业余文体团队 26 支，服务群众 60 多万人次，80% 以上的乡镇和 50% 以上的村社每年都举办单项或综合性文化活动，天峻县被文化部授予"中国民间文化艺术之乡"称号。① 制定并实施《海西州边远贫困地区、边疆民族

---

① 《"十二五"海西公共文化服务体系建设取得新成效》，青海省海西蒙古族藏族自治州人民政府网站 2015 年 12 月 21 日。

地区和革命老区人才支持计划文化工作者专项计划实施方案》，共选派 200 余名优秀文化工作者到县、乡、村工作，通过举办县、乡文化从业者培训班和选派文艺辅导员进村入户等形式，着力加强对基层文化干部的培训和指导。创办全省唯一的蒙文刊物《花的柴达木》、全国唯一的藏文诗刊《岗尖梅朵》，全州蒙、藏文出版的书籍达 300 部。投资20.3 亿元打造德都蒙古原生态文化产业园，申报国家、省、州级非遗保护项目 56 项，设立州级文化产业发展基金 1000 万元。格尔木市成为首批国家公共文化服务体系示范区。

四　黄南州

（一）自然概况和行政沿革

黄南州全称黄南藏族自治州，位于青海省东南部，地处九曲黄河第一湾，也因地处黄河之南而得名。它与果洛州、海南州、甘肃省甘南藏族自治州相邻。土地面积 1.877 万平方公里，占全省总面积的 2.6%。辖同仁、尖扎、泽库、河南蒙古族自治县 4 县 32 个乡镇。州府驻同仁县隆务镇。

黄南属高原大陆性气候区。由于地势南高北低，地区气候差异明显，海拔最高点 4971 米，最低点 1960 米。黄南历史悠久，是闻名遐迩的"热贡艺术"的发祥地。早在新石器时期，就有人类劳动生息在这块土地上。秦汉以前，为羌人游牧之地。其后，吐谷浑、吐蕃、唃厮啰、蒙古汗国的势力都曾介入，直至明、清属地和建制屡有变动。1929 年青海建省后设置同仁县，今河南县由省直辖。1937 年，省在隆务镇设第七专员公署，辖同仁、同德两县。1949 年 9 月同仁解放，1953 年 12 月 22 日，召开了黄南藏族自治区第一届人民代表会议，选举产生了黄南藏族自治区人民政府，1955 年根据宪法规定，更名为"黄南藏族自治州"。

（二）公共文化建设近况

"十一五"以来，总投资 1265.1 万元建成 32 个乡镇文化站，其中，中央投资 663 万元，省上拨款 140 万，地方配套资金 312.5 万元；中央补助乡镇文化站免费开放及设备购置资金 69.6 万元；公共文化服务体系建设地方财政投入 80 万元；送书下乡 12415 册。全州建成农（牧）家书屋 255 家，完成 173 个村级基层点文化信息共享工程建设任务，其中泽库县 56 个、同仁县 40 个、尖扎县 40 个、河南县 37 个。2008 年，"热贡文化生态保护实验区"被批准为国家级文化生态保护实验区，它是长期以来藏族文化和各世居民众传承发展的各种物质文化和非物质文化的集中体现，其核心是"热贡艺术"，即以藏传佛教为主要内容，以工笔重彩的绘画和各种佛像人物雕塑以及带有浓厚民族宗教色彩的综合性民族民间艺术。2009 年开工建设的黄南州热贡艺术博物馆投资 7000 万元，建筑面积 14995 平方米，2011 年 12 月底主体工程已完工，达到国家大型博物馆的建筑面积，已申报为国家三级博物馆。也正因为如此，该馆后期运行费用巨大，目前装饰装修、展陈布展、安防等工程资金 5500 万元，文物征集资金 3000 万元都没完全落实，影响着该馆的早日投入使用。2013 年，投资 1200 万元的民族体育场完成基础工程，投资 1000 万元的州民族歌舞剧团新业务用房投入使用；大型风情歌舞集《热贡神韵》作为文化部确定的参评剧目，参加了中国第十届艺术节，荣获"文华剧目奖"和"文华剧作奖"；尖扎县投资 960 万元拍摄了《五彩神箭》电影，是文化创意产业的有效尝试，也是传承和推广民族文化的重要举措。

2014年，安装直播卫星"户户通"设备3100套，为寺院僧舍免费安装电视及卫星接收器设备2090套，收缴销毁非法地面卫星接收设施3.7万套，实现全州寺院广播电视全覆盖。文化产业从业人员2.4万人，文化产业营业收入4.47亿元。但文化产业市场发育还处于初级阶段，文化生产方式大多是作坊和个体户，小、散、乱问题突出，成规模的企业很少，产业标准不健全，产业链条不完整，融资渠道狭窄。

五　玉树州

（一）自然概况和行政沿革

玉树州全称为玉树藏族自治州（玉树系藏语音译，其含义为"遗址"），位于青海省西南部，北与海西蒙古族藏族自治州为邻，东与果洛藏族自治州相通，东南与四川省甘孜藏族自治州毗连，南及西南同西藏自治区的昌都地区和那曲专区交界，西北角与新疆维吾尔自治区的巴音郭楞蒙古自治州接壤。土地总面积26.7万平方公里，占全省总面积的37.2%。辖玉树（2013年10月经国务院批准，撤县设市）、称多、囊谦、杂多、治多、曲麻莱6县45个乡镇，以"歌舞之乡"闻名。州府驻结古镇，是全州政治、经济、文化、交通中心。

玉树州属典型的高原高寒气候。全年无四季之分，只有冷暖两季之别，年平均气温-5.6℃—4.3℃。全州跨有4个地貌区：长江源高平原区、唐古拉山高山区、巴颜喀拉山原区和昆仑积石高山区，以前三区为主。平均海拔4000米以上，长江、黄河和亚洲第六大河湄公河——澜沧江皆发源于自治州境内，因此，玉树素有"中华水塔"之美誉。玉树古为西羌牦牛种地；隋朝前后为苏毗和多弥二国辖区，唐时为吐蕃的孙波如，宋时为黎州属下的囊谦小邦之地，元朝归吐蕃等路宣慰司管辖，明朝囊谦五室的贵族僧侣屡被赐号为功德自在宣抚国师；明末清初玉树各部头人为青海蒙古和硕特部赠爵为诸台吉；清朝受青海办事大臣直接管辖，为囊谦千户领地，下有百户独立百长等部落，民国时期设置玉树、囊谦、称多3县，统由玉树行政督察专员公署管辖，县之下千百户制度因袭如故。1949年10月，青海省人民解放军军政委员会驻玉树特派员办公处成立，宣告玉树地区已完全由人民政府行使管理职能。11月2日，玉树和平解放。1951年12月25日，玉树藏族自治区人民政府宣布成立，1955年，依照宪法规定，更名为"玉树藏族自治州"。

（二）公共文化建设近况

玉树州是青海乃至全国文化遗产和非物质文化遗产最集中地区之一，全州共有国家级非物质文化遗产名录项目10项，主要是民歌、舞蹈、服饰、赛马会等项目，国家级代表性传承人6人；省级非物质文化遗产名录项目11项，省级代表性传承人23人。国家重点文物保护单位7处，省级文物保护单位22处。据初步搜集整理的全省民族民间舞蹈资料的统计表明，玉树藏族民间舞蹈品种达400余种，"依舞"是其中最庞大的舞蹈群体，约占民间歌舞类的50%以上。"依舞"最基本的特征是不分男女老少，人数少则数十人，多则上百人，大家一起跳，气氛欢快热烈，场面壮观，舞蹈音乐保持着民族与地域的原生形态，成为玉树藏族优秀文化遗产的重要组成。

玉树抗震救灾纪念馆、灾后重建展览馆、文成公主纪念馆、玉树州博物馆、雪域格萨尔文化中心大部分具备开馆条件。形成以结古镇旅游服务区、唐蕃古道旅游带、高原湿地旅游草原带、康巴民俗风情旅游带、宗教文化旅游带等为主要内容的"一区四带"文化旅游相融合的发展格局。目前，65个文化体育影视项目全面建成，东仓大藏经《珍藏馆》完成维修加固并交付使用，置换广播电视卫星地面接收设施21911户，广播和电视人口覆盖率分别为91.02%、90.25%。2013年，玉树文化体育网站正式开通，在同年举办的阳光体育科学健身校园行（青海站）暨青海省第二届少数民族中学生运动会足球项目比赛中，玉树康巴野牦牛足球队获得冠军。2014年7月，举办第八届康巴文化旅游艺术节暨玉树赛马会、首届"走进中华水塔，走进新玉树"国际徒步等活动。

六　果洛州

（一）自然概况和行政沿革

果洛州全称为果洛藏族自治州，位于青海省东南部，地处青藏高原腹地的巴颜喀拉山和阿尼玛卿雪山之间。东临甘肃，南接四川。土地总面积7.64万平方公里，占全省总面积的10.6%。辖玛沁、玛多、甘德、达日、班玛、久治6县44个乡镇。州府驻大武镇，是全国30个少数民族自治州中单一民族成分比例最高的自治州之一。

果洛历史悠久。据汉、藏文历史文献记载，远在新石器时期，黄河源头的河谷谷地，就有人类生息繁衍。4世纪始，西羌活动于此。南北朝后期，白兰羌、党项羌等名称屡见于史册，其活动的中心地带，即今之果洛与相邻的四川阿坝、甘孜和甘南等地区。其后，吐蕃势力取而代之，元时属设在今四川境内的"吐蕃等陆宣慰使都元帅府"节制。明代，中央王朝在边远地区推行土司制度，果洛属朵甘思行都司。据《安多政教史》记载，果洛的名称正式出现于明初的史册。明末清初，果洛名义上属青海蒙古固始汗之子孙所辖，实际上是部落分割、各自为政，直至解放前夕还处在封建割据状态，并保留着某些奴隶制的残余，境内有大小部落 200 多个。与内地直接交往甚少，社会经济发展十分缓慢，一向被外界认为是"神秘之地"或"不毛之地"。全国解放后，党在果洛四邻地区积极开展民族统战工作并取得明显成效。1954 年 1 月 1 日，果洛藏族自治区宣布成立，1955 年根据宪法规定，更名为"果洛藏族自治州"。

（二）公共文化建设近况

2009 年 9 月，果洛州图书馆对外开放，这座集传统与现代于一体的藏式风格建筑，建筑面积 2874 平方米，总投资500 万元，设有 9 个部门，3 个展厅，11 个阅览室，座位2000 个，各类藏汉文图书 7 万余册。在这里阅览图书无须证件便可在开放式书架上随意翻阅，同时，图书馆特别注重培养儿童的读书兴趣，在儿童图书室配备了休闲桌椅、饮水机等，营造了"人在书中，书在人旁"的阅读环境。2010 年，图书馆又设立了全国首家"果洛州《格萨尔》艺人之家"。在这草原腹地，果洛州图书馆以"社会大学""继续教育""休闲娱乐"等新型服务，让"文化"走近民众，提升民众的文化品位与素养，激发读者的求知欲望，从而逐渐成了玛域果洛极具地方特色的知识传播基地。① 2011 年果洛州玛沁

---

① 何启林、关桂霞：《青海农牧区文化信息资源共享工程调研》，《青藏高原论坛》2013 年第 4 期，第 119 页。

县拉加镇被命名为青海省"篮球之乡"。2012年，玛沁县文体广电局组建"阿尼玛卿艺术团"，30名演员都是当地藏族牧民家的后生。这支只有一名专业老师、演员月收入1000多元的艺术团，将他们的舞台从狭小的社区活动室，延伸到省城西宁的广场，又走到了青海藏历新年文艺晚会的现场。2014年12月上旬，在上海市虹口区党委、区政府的支持下，他们在虹口区鲁迅公园进行表演，把藏族歌舞玉树带到了现代化大都市。

2011年，投资2650万元、面积4000平方米的果洛州格萨尔博物馆开工建设，目前主体工程已完成；投资1000万元、面积3000平方米的果洛州民族文化艺术排练用房工程接近尾声；投资493万元、面积7850平方米的格萨尔文化公园项目已投入使用；投资311.4万元、面积1928平方米的州民族歌舞团综合办公楼工程已完工；投资1150万元的果洛州剧团排练用房开工建设。农（牧）家书屋项目已全面完成建设任务，均投入使用，全州建成乡镇综合文化站项目42个，部分已投入使用。投入272万元4县图书馆信息资源共享工程（县级支中心）已完成安装任务投入使用，153个村级信息资源共享工程全部建成。2014年9月，经文化部批准，国家级格萨尔文化（果洛）生态保护试验区成立，涉及全州6个县44个乡镇、182个牧委会，总面积7.6万平方公里的文化生态空间。

第三节　共性问题

青海藏区公共文化产品供给及服务的核心，是保障广大农牧民群众基本文化权利的实现，而这一权利实现的程度又是与公共文化产品供给的适当性和可及性直接相关。国家和青海省以及自治地方一直在致力于建立覆盖城乡、结构合理、功能健全、高效实用的公共文化服务体系，以充分发挥政府在公共文化服务体系建设中的主导作用，让群众广泛享有免费或优惠的基本公共文化服务。但凡对青海藏区公共文化发展的历程有所了解的，都会对今天的进步由衷的高兴，同时，也会对存在的差距、面对的突出问题有着强烈的责任意识、忧患意识。本节用"共性问题"展开讨论，其一指的是一般地区都可能存在的问题，其二是6个自治州普遍存在的问题，并以不同于其他地区的特殊方式表现出来。限于我们的调研和分析问题的能力与水平，主要归纳了以下几个方面。

一　公共文化产品"供不应求"，总量不足

供给体系是公共文化服务体系运行的核心环节，是党和政府保障公民文化权益、满足公民文化需要的重要环节。青海藏区公共文化产品存在的"供不应求"问题，主要表现为公共文化产品投入总量不足，尽管国家和各级政府实施了一系列文化惠民工程，用于满足广大农牧民群众的文化需求，但是，由于藏区文化发展的民族性、地域性，政府提供的文化产品具有一定文化品位，又能贴近藏民族生活、引起社会共鸣的文化产品和服务不足。尤其是2008年以来，藏区维稳任务十分繁重，一切文化活动都要给"维稳"让路。农牧区公共文化产品供给表现出强烈的政治色彩，无暇顾及农牧民群众文化需求的多元化，有限的公共文化资源并没有发挥应有的作用。如前所言，青海藏区覆盖城乡的公共文化服务网络已基本确立，一系列文化惠民工程，为农牧民群众享有基本的公共文化服务权利提供了可能，但文体设施不达标、资源均等化水平不高、便民利民惠民的效果不尽如人意、总体资源利用率偏低等问题依然突出。即使有些地区，在各种项目的带动下，公共文化的硬件有了明显改善，可是由于没有专门的使用或管理人才，许多设施成了摆设。

基层文化活动基础设施简陋，州一级的电影院、剧院、室内演出舞台，还能满足一般文化活动需求，县一级文化场馆能满足部分需求，乡镇、村社放电影、文艺表演等基本是在露天进行，对于地处高海拔的青海藏区，只有7、8两个月的黄金季节。有些州级体育场馆设施是不错，但平时并不对外开放，甚至在举办州庆等大型活动时，里面高朋满座，当地老百姓却被关在门外。还有的州，原先的赛马场是在辽阔的草原上，每到夏季政府举办的赛马会上，方圆几百里的牧民群众扎帐篷而居，甚是热闹。这几年，政府为了改善体育设施环境，专门在州府所在地建立了赛马场，条件是和以前没法比了，可是赛马会期间，老百姓想看比赛，要买门票，平时大门则紧锁着。仅此而言，这种体育设施对当地农牧民群众有用吗？也许早已被异化成一种政绩符号。

青海藏区基层的文化设施主要是广播电视，百姓家庭最常收视的频道是青海卫视藏语台，但藏语台栏目设置单调，内容乏味，无法满足群众的文化需求。由于语言障碍，中央台等其他卫视及频道节目难以填充藏区民众文化娱乐层面的空白。

青海藏区基层社区体育活动设施偏少，这和地理环境有关，也和当地牧民群众的生活习惯有关。目前，人口比较集中的社区会有一些简单的健身器材，这些基本是国家体育总局和省上赠送的，一些移民新区是军、企帮建的。总体上讲，与农牧区环境相适应的、宜于高海拔地区使用的体育器材几乎没有。

利用农（牧）闲期间送戏下乡，尤其是与农牧民群众生产生活及本民族历史文化密切相关的文艺作品最受欢迎，如格萨尔艺人的演唱、歌舞演出、民间弹唱，虽然表演形式少，但他们能理解唱词的文化背景和内涵，可以说是百看不厌，至于青海东部农业区广泛流行的"花儿"等，牧民群众基本听不懂，也不感兴趣，再多的文化输出也没有用。但是，受牧民群众欢迎的演出是屈指可数的。而且，公益性演出没有经费保障，无论是州级群艺馆、文化馆，还是歌舞团，由于经费困难，演出一次至少需要花费 4 万元，而这些靠财政拨款的公益性事业单位，除了保障人头费的按时发放，几乎没有多少演出经费，有的甚至连省上配备的演出车都养不起，没有正常的创作经费，下乡开展民间收集、挖掘，只能从办公经费里出。这种情景在内地是难以想象的。尽管文化下乡活动受到农牧民群众欢迎，但这种政府唱独角的"送文化"形式，成本太高，无法经常开展，市场运作又很困难。当地农牧民会自发组织一些文体活动，但出于维稳的形势，演出规模和场次被控制在最小范围，根本无法形成气候，即便是正当、合法的。所以，当地农牧民群众的自主性、积极性也得不到激发，致使农牧区政府举办的文化活动缺乏丰厚的社会文化基础。

二　公共文化产品"供不适求"，结构不尽合理

根据供求原理，农牧民对公共文化产品的需求决定公共文化产品的供给，各级政府当以农牧民的实际需求为依据，决定公共文化产品的供给种类和数量，保障有效供给。从青海藏区公共文化产品供给实践看，政府一直是公共文化产品的主要供给者，而且事无巨细，亲力亲为。换言之，政府长期扮演着"决策者"和"执行者"的双重角色，这种文化产品供给模式，不可避免地导致决策机制"自上而下""垂直传输""强制供给"，农牧区公共文化产品的供给种类和数量、供给程序等，表现出上级政府很强的指令性、同一性。同时，由于没有强有力的法律约束和制度规范，文化管理部门的决策者很容易从自己的主观愿望出发，从主要服从于、服务于党和国家的政治形势、藏区维稳的政治任务需要出发。在这种决策体制下，政府提供的文化产品较少考虑农牧民群众的实际需求，供给出现随意性、供给结构不尽合理、实际使用效率低下等，也就不足为奇。

在青海藏区，通过政府购买服务的方式丰富农牧民群众文化生活，本质而言是一种"送文化"的服务模式，它对于保障广大农牧民群众基本文化权益，丰富群众精神文化生活发挥了积极的作用。但是，这种"送文化"模式带有明显的"主观性"，自然就难以避免公共文化产品的"供不适求"问题，突出表现在公共文化产品内容与"贴近基层、贴近公众、贴近生活"还存在明显差距，农牧民群众对已有的公共文化产品不感兴趣，政府投资建成的公共文化基础设施项目，农牧民群众很少光顾，类似乡镇文化站、图书室、体育

活动场所等，很大程度上就是一种"工程项目"，农牧民群众不感兴趣，利用率很低。在藏区特有的政治生态环境下，基层干部对上级投资建设的各类"工程"，基本上是报喜不报忧。

从道理上讲，作为满足精神需求的文化产品应具有丰富、多样、适合不同年龄和不同层次群众不同需要的特点，但实际中却不尽然。作为青海藏区公共文化产品主要组成部分的图书、报刊、体育活动场所及其器械等都是由上级规定，统一以实物形式下拨，由于产品供给的单调雷同，不能满足农牧民群众的需求，各级政府尽管增加了对农牧区公共文化产品的投入，而农牧民迫切需要的文化产品却得不到提供。

案例一：农（牧）家书屋之"书"

农（牧）家书屋工程实施以来，确实在解决藏区农牧民群众读书困难方面发挥了作用，但是，毋庸讳言，调研中我们也看到，这些"农（牧）家书屋"项目最初是由文化部、财政部共同实施，国家图书馆具体承办的，原本要解决的农牧区缺乏有针对性图书的问题并没有解决。农（牧）民是农（牧）家书屋管理和使用的主体，只有农牧民广泛参与，政府帮助建书屋才具备实际的意义。虽说农（牧）家书屋是一项政府主导下的公益性文化工程，但不能只是单方面的政府行为，要使农（牧）家书屋成为农牧区真正关注的文化生活领域，充分发挥广大农牧民在"农（牧）家书屋"建设中的主体作用，就必须重视在建设"屋"的同时，重视"书"的内容建设，强调送书下乡工程的针对性和有效性。调研中我们时常会看到农（牧）家书屋书柜里摆放的五花八门的书籍，而农牧民需要的农牧业知识、科普知识等方面的书并不多，像《透视美国》《资治通鉴》《飘》等书籍真的就是一种摆设。此类问题在青海藏区普遍存在。凡是我们调研所见的书屋，都存在以下共性问题。

一是图书种类杂乱，以汉文书写的文学作品为主，包括翻译的国外文学名著，以藏文形式出版的书籍不多见，只有寺院书屋占比最高，原因在于这些书大多是宗教典籍以及藏传佛教教派人物传记，图书主要来源于青海民族出版社捐赠，因僧人有一定藏文基础，能够看懂部分书籍。

二是图书内容与藏区农牧民实际需要相脱离，反映农牧业生产知识、日常实用技术、科普知识等的书籍比较鲜见，且多为一些过时的旧书，即便有由于是汉文的，一般的老百姓也看不懂。除了部分学生假期借阅，平时基本无人问津。

三是设施简陋，所谓的"书屋"，就是两组书柜，两张桌子，几把椅子。书屋钥匙由村支书保管，没有固定开放时间。在果洛州玛沁县30公里外的一处"牧家书屋"，院子里杂草丛生，乡干部费了好大工夫才把掌管钥匙的村支书找来，打开门之后映入眼帘的就是两张书柜和满是灰尘的两张破旧桌子，其实这种情景在我们调研中已司空见惯。国家和省上花费专项资金建"书屋"，到头来真成了名副其实的"书屋"。2014年始，青海开始实施"藏区村级文化活动室建设工程"，如果政府有关部门不把注意力放在"书"上，放在是否有读者借阅，农（牧）家书屋的问题会再一次叠加，而浪费的则是各种项目资金。

案例二：基层电子阅览室和体育活动场所

基层电子阅览室网站、网页都是汉文版，没有藏文版软

111

件，对于基本不识汉字的农牧民群众，没兴趣也没能力阅览，目前的主要阅览人群是初中、高中和大学生，其中的大部分是玩游戏。此种情景与提高农牧民群众素质的初衷大相径庭。"信息资源共享工程"因高海拔地区气候条件（如刮风）影响，接受信号时强时弱，登录缓慢、烦琐，而且内容单调，使用效果也不理想。

按照全民健身计划，藏区各乡镇、各村社必须有一定数量的体育活动场所和体育器材。目前，青海藏区州治、县治所在地的体育基础设施建设功能发挥比较好。乡镇一级由于牧民居住分散，生产生活半径比较大，集中某地的体育活动场所，牧民平时很少使用，基本处于一种摆设的状况。而且，青海藏区的体育用品、器具等所有乡镇、行政村整齐划一、千篇一律。供给不足或者供给一些农牧民不需要的体育健身产品，都属于供给绩效低状态。

案例三："电影下乡"中的"三多三少"

一是汉语言文字的多，民族语言文字的少。就青海藏区而言，主要使用着两大方言，即安多语和康巴语，6个藏族自治州中，除了玉树地区属于康巴语方言外，其他5个州都使用安多语。由于目前各种条件的制约，青海省民族语影视译制机构提供的影视作品以安多语居多，而且从数量上讲远远满足不了藏区农牧民群众的多结构、多层次文化需求。如《没有共产党就没有新中国》《革命到底》《夜袭》《建国大业》《冲出亚马逊》等都是很好的爱国主义教育影片，但对于不懂汉语和具备一定政治素养的农牧民群众，要理解影片的内涵谈何容易。

二是一般性题材的多，反映藏族优秀文化的少。由于生活环境使然，绝大多数农牧民群众，尤其是纯牧业区的群众，几乎不会讲汉语，个别年轻人能听懂一些简单用语，这反映的不单是一个交际能力，而是背后深层的文化背景，让一个祖祖辈辈以游牧为生的群体、加之传统文化的浸染，去明白农耕文化背景民族的文学题材，除了看画面的切换，能够做什么？藏族文化博大精深，是中华文化的瑰宝，但目前没有投入更多力量去挖掘制作成影视产品。

三是表现市井生活题材的多，表现农牧区社会生活情境的少。这里涉及两个问题，用民族语言文字制作影视作品，解决的只是文化表达的载体问题，换句话说，把大量其他地区上演的电影用民族语文翻译过来，这是一种简单再生产，有总比没有好。但是，如果这些作品的文化价值远离本土文化，甚至并不积极健康，那这类文化产品对于淳朴的草原牧民群众来说，未必是件好事。这就引来了另一个问题，用民族语言文字创作与农牧民社会生活密切相关的，同时契合现代主流社会价值观的作品，才称得上是"含金量"高的公共文化产品。

三　公共文化产品供给中重"项目"建设，轻运行管理维护

青海地处青藏高原，自然条件恶劣，经济基础薄弱，集中了高原地区、民族地区和经济欠发达地区的所有特征。这一点在前面讲到青海藏区总体经济社会发展特征时进行了专门分析。多年来，在省级财力不足、地方财力"捉襟见肘"的境况下，如果不是国家各种工程项目的扶持，青海藏区公共文化事业的发展是不可想象的。也正是在这种背景下，我

们才更要关注这些工程设施的后期效益问题。虽然对应于全国各级别行政区划，青海藏区乡以上公共文化设施已基本实现全覆盖，村一级也达到一定覆盖率，但是，由于公共文化设施的建设资金大部分投入到外部条件的改善，没有预留运行管理资金，已建成的文化设施有相当一部分只是停留在外部建筑物的使用上，内部的基本硬件不全，如文体器材、电子设备、报刊资料等都没有购置到位，"买得起马配不起鞍"，致使很多文化活动无法正常开展，成为摆设。特别是偏远纯牧区基层的一些文化设施，基本上是"有馆无舍、有舍无人"，造成国家前期投入项目的极大浪费。

文化信息资源共享工程、乡镇达标文化站、农（牧）家书屋覆盖率、有线电视村村通等不同渠道的项目，在建成验收时基本都达到了相关部门的指标要求。但同时也存在一个突出问题，就是省、市、县的财政投入一般都是只对硬件设施的建设投资，对所有下拨资金的管理、运用、审计等都是以项目的建成为目标，基本没有下拨日后运行或管护经费，地方财力十分困难的地区，甚至无非保障基层文化机构日常工作经费。如遇大型活动，则逐级上报申请活动经费，基本上是"一事一议"或"特事特办"。很多建立起来的公共文化基础设施被摆在那里，有时真成了应付各种检查和政绩的对象。

在青海藏区遭遇尴尬的信息资源共享工程，国家投入大量前期资金，基本上建成了可以正常传输的四级服务网络，而实际情况是建成后利用率并不高，与工程预期有很大差距。一种情况是，国家对西部民族地区文化信息共享工程投入很大，一些地方领导和工程管理者，关注的往往是工程的项目经费，项目建成后应该如何发挥作用，却无暇顾及，项目由此成为摆设，没有发挥应有的作用。另一种情况是，群众对文化信息共享工程不会用、不习惯使用，还有的则是根本不了解图书馆设立的共享工程和电子阅览室的性质和作用。在基层调研中了解到，在图书馆电子阅览室使用网络的读者群，多数是娱乐型、休闲型的，只有少部分是学习型的读者。

公共文化设施建设是公共文化服务中的基础内容，是开展各种文化服务的主要载体，它本身是文化产品，同时又成为其他文化产品的积聚地与贮藏室，是文化活动展开的空间，是满足文化服务的依托和文化服务网络的"节点"。但这只是问题的一个方面，另一方面，公共文化设施作用发挥怎样，考量的同样是一个地区公共文化实施的质量。

四　公共文化产品供给机制引致文化产品低效

纵向比较，青海藏区文化阵地建设结束了"一穷二白"的历史，一座座崭新的乡镇综合文化站和文体健身设施，着实缩短了城乡间的差距，在这种背景下，如何发挥这些文化阵地的作用就显得越来越重要了。农牧民群众是青海藏区公共文化产品消费主体，由于长期以来同其他地区一样，公共文化产品供给采取的基本是"自上而下"的政府单一供给机制，公共文化产品供给类别、数量主要由政府拍板，这种由外部变量决定内部公共文化产品供给的公共决策制度，由于没有文化需求主体的广泛参与，很容易造成供给与需求脱节，资源配置低效甚至无效。青海藏区公共文化产品供给的"工程模式"和政府组织的"三下乡"活动，就属于典型的"自上而下"，它可以在比较短的时间内改善藏区基层公共文化基础设施条件，但是，这种"行政任务使得文化制度之间缺乏明晰的责任边界"①，潜在的风险会随着工程项目的终结而逐渐显现。

青海藏区民族文化与宗教传统的影响，加之语言文字交流的障碍，农牧民群众的思想意识、文化表达都具有相对独立性和差异性。国家在对青海藏区实施文化工程时，虽然非常重视前期论证和需求调研，但经过层层关口之后，基层政府的意愿也就顾及不了多少了，更不要说农牧民群众的意愿。在藏区"维稳压倒一切"的政治生态下，文化的发展被赋予了强势的意识形态话语，基层干部本身也没有更多精力去与农牧民群众就文化需求进行沟通交流，代表国家行使职权的上级文化主管部门也不可能及时、准确掌握基层农牧民群众的文化心态及对公共文化产品的需求愿望，甚至会出现按照自己的角色利益和价值偏好越俎代庖的现象，盲目地添置不少不合农牧民口味的文化建设项目也就不足为奇了。

可以讲，随着国家对民族地区公共文化事业的重视，青海藏区每年都会获得大大小小各种项目，但如果这种项目工程的短期效应太过明显，有的甚至脱离藏区实际，"中看不中用"，同样是一种公共文化产品供给低效的表现。所以，加大投入要解决钱的问题，更要解决好资金的有效使用问题，即"好钢用在刀刃上"，关节点就是公共文化供给机制引发的供给和需求不相适应及结构失调，公共文化产品利用率不高的问题。

---

① 陈浩天：《公共文化服务的治理悖论与价值赓续》，《华南农业大学学报》（社会科学版）2014 年第 3 期。

第五章　青海藏族聚居区公共文化服务体系

公共文化服务是公共文化的实现形式，是政府主导和社会参与形成的满足和保障公众文化需求与文化权益的各种公益性文化机构及服务的总和。以公共性为基本特征的公共文化服务，包括三个层面。在物质层面，营造开放共享的公益性文化空间；"在制度和组织层面，通过文化政策与公共参与建立民主机制；在精神层面，建立公正、平等的公共价值体系，促进公共精神形成"[1]。本节关注的青海藏区公共文化服务体系，是以"看电视、听广播、读书看报、进行公共文化鉴赏、参与公共文化活动"[2] 等基本公共文化服务内容为基础的服务体系，主要由基础文化设施与机构建设、公共文化产品遴选及供给、公共文化服务建设资金投入管理、公共文化服务人才建设等主要方面构成。

---

① 夏洁秋：《文化政策与公共文化服务建构》，《同济大学学报》（社会科学版）2013 年第 1 期，第 62—63 页。

② 《中共中央关于深化文化体制改革推动社会主义文化大发展大繁荣若干重大问题的决定》（单行本），人民出版社 2012 年版，第 23 页。

第一节　政府公共文化服务理念

保障人民群众基本文化权益，培育和提升社会公众的文化素养与文化自觉意识，是青海藏区社会主义文化事业的基本内涵；坚持政府主导，让广大农牧民享有免费优惠的基本公共文化服务，是各级政府的天职。政府公共文化服务理念，彰显着维护好、实现好、发展好人民群众基本文化权益的诉求。

一　公共文化服务均等化

对于这一问题，前文分析青海藏区公共文化产品的特质时已有所涉及，此处以政府公共文化服务理念再作阐述。对于"公共文化服务均等化"，人们的一般看法是，公共文化服务不同于以盈利为目的的经营性文化产业，公平、公益、均等、普及、便利，是其基本属性，所以也就构成了公民文化权利的制度基础。公共文化服务属于政府文化民生范畴，领域包括为公民提供基本公共文化产品与服务，保障公民的基本文化权利。从公民文化权利的道德属性来讲，它赋予社会个体平等享有公共文化服务权利，而坚持基本公共文化服务均等化，自然成为保障公民基本文化权利的重要原则。

所谓公共文化服务均等化，是指"在公平原则和社会文化平均水平的前提下，在尊重文化自由选择权的基础上，对所有公民的文化需求提供均等的产品与服务"①。国家通过公

---

① 边继云：《河北省城乡公共文化均等化存在问题及产生原因》，《河北科技师范学院学报》2009 年第 12 期，第 58—61 页。

共文化服务均等化供给，为公民实现文化权利提供物质基础和制度平台，从而体现国家在公共文化服务发展方面的理念。一般认为，公共文化服务均等化理念涵盖这样几层意思。

其一，机会均等和原则均等。政府提供公共文化服务，目的是提高整体社会福利，保障在"公共性"原则下，每个公民都有同等机会享受到大体上均等的公共文化服务。实现公共文化供给均等化的前提，必然要求是在同等的机会条件、同样的原则下进行的。目前我国公共服务均等化还处于初级阶段，属于"底线均等"。

其二，均等化不是平均化。政府倡导公共文化服务均等化，不是讲平均化，更不是严格意义上的结果均等。平均化追求的是单纯的等额分配，没有公平也无效率，更无益于社会公共福利水平的提高。均等化强调的是政府根据地区实际，向每个公民提供一个合理范围量的公共文化服务，以条件均等确保能够公平地分享公共文化发展成果，实现公共文化资源高效配置，促进社会群体内外部的协调发展，实现帕累托改善，最终以保障结果的大体均等。

其三，尊重公民文化需求选择权。公共文化服务均等化，不是以强制性方式让公民接受等样等量的公共文化服务，更不是计划经济时代的分配体制。人们的文化需求千差万别，偏好也不尽相同，政府公共文化服务均等化理念，是基于建立在基本公共文化服务框架内，它要求政府文化供给要尊重公民的自由选择权，在需求差异的基础上，满足公民均等化的基本文化需求。

二　保障基本文化权益

"使人民基本文化权益得到更好保障"，是中国共产党十七大以来提出的重要思想。对于基本文化权益的内涵，学界和理论界的表述还有差异，但在享受文化成果、参与文化生活、开展文化活动、接受文化教育等方面得到比较一致的认可。公民"文化权利"是现代公共文化管理进行制度设计、模式选择和具体政策制定的核心理念，或曰基本价值取向。正是这一核心理念，决定了现代公共文化管理的"共同治理"特征。

"1966 年第 21 届联合国大会通过的《经济、社会、文化权利国际公约》与《公民权利与政治权利国际公约》，第一次在世界范围内把经济、社会和文化权利以法律形式加以确认，从此，公民文化权利作为一项基本人权，与公民权利、政治权利、经济权利和社会权利一起被并列提出。"① 可见，文化权利属于公民基本权利，包括参加文化活动权利、享受文化成果权利等。公民文化权利是公民与生俱来的权利。2015 年 1 月 12 日，中共中央办公厅、国务院办公厅联合发布的《关于加快构建现代公共文化服务体系的意见》提出："以人民群众基本文化需求为导向，围绕看电视、听广播、读书看报、参加公共文化活动等群众基本文化权益，根据国家经济社会发展水平和供给能力，明确国家基本公共文化服务的内容、种类、数量和水平，以及应具备的公共文化

---

① 唐亚林、朱春:《当代中国公共文化服务均等化的发展之道》，《学术界》2012 年第 5 期，第 25 页。

服务基本条件和各级政府的保障责任，确立国家基本公共文化服务指导标准，明确政府保障底线，做到保障基本、统一规范。"① 这段话不仅强调了政府保障群众基本文化权益的公共文化服务理念，而且进一步提出要根据国家社会经济发展实际制定保障底线。

三　体现以人为本科学发展理念

美国经济学家约瑟夫·斯蒂格里茨（Joseph Eugene Stiglitz）认为，"政府作为'公民的自愿联合或本质上的强制行为基础的组织'，其合法性源于人民的公意达成和公益授权，其功能在于运用其他社会组织所不具备的强制性公共权威，承担起无可替代的社会责任"②。公共文化服务的本质是以人为本，这就要求政府必须秉持公民文化权利伦理导向，树立以实现公民文化权利为核心的公共文化政策理念，实现文化决策的民主化和科学化，在公共文化资源配置和权益保障等方面，体现"以人为本"科学发展理念，放大提升公共文化的效能。公共文化服务直接面向人民大众，关注的是人的思想启蒙、知识提高、文化普及、素质提升的精神层面，通过人民群众直接参与、直接体验和充分共享等公共文化服务活动形式，贴近人民群众自身的全面发展，体现以人为本的思想理念。

以人为本是建设具有中国特色公共文化产品和服务供给

① 中共中央办公厅、国务院办公厅印发：《关于加快构建现代公共文化服务体系的意见》（中办发〔2015〕2号），第7页。
② 尹华、蒋泓：《以人为本——公共行政精神的基本价值目标》，《辽宁行政学院学报》2006年第9期，第8页。

模式的根本和关键所在，体现着公共服务的精神实质。具体而言，公共文化产品和服务供给要体现广泛性，充分尊重社会个体的文化权利，保障全体公民的参与性，充分兼顾不同群体、不同层次民众的需求。公共文化服务"以人为本"理念，具体到青海藏区，就是党和政府的公共文化服务以满足广大农牧民群众文化需求为宗旨，项目建设要贴近藏区社会实际，贴近农牧民生活，以实现人的全面发展为根本目的。《青海省"十二五"文化发展规划》强调：要坚持"以人为本原则。充分尊重人民群众的主体地位，切实保障和实现人民群众的基本权益，文化发展为了人民、文化发展依靠人民、文化发展成果由人民共享，不断满足人民群众日益增长的精神文化需求，促进人的全面发展"①。

第二节　政府公共文化服务保障

2015 年，是青海藏区公共文化"十二五"规划的收官之年，公共文化建设总投入接近百亿元，依托 46 个文化事业重点项目，省、州、县、乡、村五级公共文化服务网覆盖率在青海藏区已达到 95% 以上，广播、电视人口综合覆盖率达到 98% 以上，文化体育活动场馆覆盖率达到 80% 以上，行政村体育健身设施达到 45% 以上。尽管在完善公共文化服务体系上路程艰难，但如果没有国家和省上以及各级政府、

---

① 《青海省"十二五"文化发展规划》（2011 年 11 月 18 日），转吉狄马加主编《青海建设文化名省的理论思考》，青海人民出版社 2012 年版，第295 页。

社会各界的共同努力,青海藏区公共文化服务建设不可能站在今天的这样一种发展起点。本节主要围绕国家层面和地方层面实施的相关保障政策来窥见一斑。

一 国家政策法规保障

(一) 制定公共文化发展规划

在我国现行的文化行政架构下,公共文化服务的实施主体包括三大类。第一类是公共文化服务的决策机构,即各级党委宣传文化部门,各级广播电视、新闻出版、文物等行政部门。第二类是公共文化服务执行机构,主要由文化事业单位来承担,属于文化行政部门指导下实施公共文化服务的非营利单位,是公共文化服务的主要执行者。第三类是社会举办的非营利性文化服务机构,它们在政府文化政策的指导下,独立或配合文化事业单位完成各类公共文化服务,是公共文化服务体系的参与力量。提供公共文化服务,是政府公共服务的一项重要内容。在 2007 年《中共中央办公厅国务院办公厅关于进一步加强公共文化服务体系建设的若干意见》(中办发〔2007〕21 号),明确提出"中央和省级财政每年对文化建设的投入增幅不低于同级财政经常性收入的增幅""中央财政通过转移支付对中西部地区给予适当支持""支持少数民族公益性文化事业的发展"[1] 等政策要求。

其后,2008 年 4 月、8 月国家公布实施《公共图书馆建设用地指标》《公共图书馆建设标准》,对实施全国统一性

---

[1] 中共中央办公厅、国务院办公厅:《关于进一步加强公共文化服务体系建设的若干意见》(中办发〔2007〕21 号)。

标准、编制、评估等方面提出具体要求，对以服务半径为原则的公益性图书馆建设的指导思想、功能定位提出明确规定。2012 年 5 月，《公共图书馆服务规范》正式实施，公共文化机构标准规范体系日臻完善。

2011 年 10 月 15 日至 18 日召开的中共中央十七届六中全会做出的《关于深化文化体制改革推动社会主义文化大发展大繁荣若干重大问题的决定》提出，"保证公共财政对文化建设投入的增长幅度高于财政经常性收入增长幅度，提高文化支出占财政支出比例。扩大公共财政覆盖范围，完善投入方式，加强资金管理，提高资金使用效益，保障公共文化服务体系建设和运行。落实和完善文化经济政策，支持社会组织、机构、个人捐赠和兴办公益性文化事业，引导文化非营利机构提供公共文化产品和服务"[1]。实际上，2011 年年初，文化部、财政部就联合下发文件，要求 2011 年年底之前国家级、省级美术馆全部向公众免费开放，全国所有公共图书馆、文化馆（站）实现无障碍、零门槛进入，公共空间设施场地全部免费开放，所提供的基本服务项目全部免费。

2012 年 5 月，文化部发布《文化部"十二五"时期文化改革发展规划》明确提出，到 2015 年，基本建立覆盖城乡、结构合理、功能健全、实用有效的公共文化服务体系。2012 年 7 月，《国家基本公共服务体系"十二五"规划》提出"十二五"时期建立健全基本公共服务体系、促进基本公共服务均等化的目标。2012 年 11 月 8 日，党的十八大报告

---

① 《中共中央关于深化文化体制改革推动社会主义文化大发展大繁荣若干重大问题的决定》（单行本），人民出版社 2012 年版，第 35 页。

提出："让人民享有健康丰富的精神文化生活，是全面建成小康社会的重要内容。要坚持以人民为中心的创作导向，提供文化产品质量，为人民提供更好更多精神食粮。坚持面向基层、服务群众，加快推进重点文化惠民工程，加大对农村和欠发达地区文化建设的帮扶力度，继续推动公共文化服务设施向社会免费开放。"①

2015 年 1 月 12 日，中共中央国务院办公厅印发《关于加快构建现代公共文化服务体系的意见》，再一次提出"到 2020 年，基本建成覆盖城乡、便捷高效、保基本、促公平的现代公共文化服务体系"②。要积极落实对国家在贫困地区安排的公益性文化建设项目取消县以下（含县）及西部地区集中连片特困地区市地级配套资金的政策。各有关部门和单位要加强组织领导，结合"十三五"规划编制，尽快制定完善相关配套政策，"按照基本公共文化服务标准，落实提供基本公共文化服务项目所必需的资金，保障公共文化服务体系建设和运行"③。

（二）实施公共文化对口帮扶

仅 2013 年和 2014 两年，国家有关部委安排中央转移支付资金 8.09 亿元，专门用于青海藏区公共文化基础设施建设、文化遗产保护、民族文字出版以及特色文化产业等 60 多项对口援青项目。其中，文化部投入 3.26 亿元，帮扶青

---

① 胡锦涛：《坚定不移沿着中国特色社会主义道路前进为全面建成小康社会而奋斗》（单行本），人民出版社 2012 年版，第 32 页。

② 中共中央办公厅、国务院办公厅印发：《关于加快构建现代公共文化服务体系的意见》（中办发〔2015〕2 号），第 4 页。

③ 同上书，第 17 页。

海藏区实施文化信息资源共享工程,建成省级分中心、县级支中心和覆盖农牧区行政村的基层服务点;投入 3600 万元将青海 7 个项目纳入国家藏羌彝文化产业走廊重点项目,4 个项目纳入国家特色文化产业重点;投入专项资金用于青海藏区"非遗"项目保护、传承人培养和传承场所建设等。国家新闻出版广电总局投入资金 8900 万元,建成了覆盖青海藏区行政村的农(牧)家书屋和藏传佛教寺院的"寺庙书屋"。国家文物局投入资金 2 亿元,用于青海藏区的文物保护。国家体育总局集中在 2012—2015 年实施"雪炭工程",帮助青海藏区各县建设"文化体育活动馆"、农民健身广场,开展"农民健身工程"。

二 地方政策保障

为了保障青海藏区公共文化建设工程的正常实施,除了国家财政的扶持外,省级财政在自身财力严重不足的情况下,竭尽所能地给以资金支持和政策保障,最大限度地发挥政府在公共文化产品供给和服务中的主导作用。2011 年,青海省政府制定了《关于实施"十二五"文化建设"八大工程的意见"》,计划总投资 96 亿元,其中政府投资 53 亿元,比"十一五"时期文化投入增长 130%,社会投资 43 亿元,其中,文化新闻出版 14.1 亿元,广播电视 6.7 亿元,体育 2.48 亿元。截至 2014 年年底,实际总投入资金 117.66 亿元,重在解决青海藏区公共文化设施滞后的问题。"十二五"时期,青海文化事业费 5.07 亿元,列全国第 29 位;人均文化事业费 87.66 元,列全国第 4 位;平均每万人公共图书馆建筑面积 79.45 平方米,列全国第 17 位;人均公共图书馆藏量 0.66 册,列全国第 8 位;人均购书费 1.06 元,列全国第 13 位;平均每万人群众文化设施建筑面积 219.86 平方米,列全国第 16 位;人均群众文化业务活动专项经费 2.02 元,列全国第 14 位。[1]

主要有这样几个着力点。

一是建立政府投入为主,积极引导社会投入的文化建设立项循环机制。保证公共财政对文化建设投入的增长幅度高于财政经常性收入增长幅度,提高文化支出占财政支出比例。[2] 加大公共文化产品和服务的政府采购力度,拓展服务渠道,让群众广泛享有免费或优惠的基本公共文化服务。

二是设立省、州、县农牧区文化建设专项资金,完善投入方式,加强资金管理,提供资金使用效率。[3] 扩大公共财政覆盖面,把主要公共文化产品和服务项目以及公益性文化活动,纳入地方财政一般预算,加大财政、税收、金融等对文化产业的政策扶持力度,[4] 以保障公共文化服务体系健康运行。

三是省、州(市、地)、县政府建立免费开放的经费保障机制。按照《文化部、财政部关于推进全国美术馆、公共图书馆、文化(站)免费开放工作的意见》精神,"2012年,省文化和新闻出版厅下发了《关于印发公共图书馆、文化馆(站)免费开放基本内容的通知》,对免费开放的范

---

① 魏爽:《文化惠民,为百姓生活添彩》,《青海日报》2015 年 2 月 27 日。
② 《关于实施"十二五"文化建设"八大工程的意见"》,转吉狄马加主编《青海建设文化名省的理论思考》,青海人民出版社 2012 年版,第 330 页。
③ 同上。
④ 同上书,第 319 页。

围、具体要求做出明确规定，其中，州（地、市）级图书馆免费开放基本内容是：一般阅览室、少年儿童阅览室、多媒体阅览室等公共空间设施场地免费开放；文献资源借阅、检索与咨询，公益性讲座和展览，基层流动服务等基本文化服务项目健全并免费开放。县级图书馆也规定了具体项目"①。省级财政及时下拨免费开放经费，对体育场馆、乡镇综合文化站和广播电视站点等公共服务消耗的水、电、气，实行与当地居民相同的生活价格标准。对公益性文化设施建设用地实行行政划拨，并减免相关的地方性收费。

四是合理配置城乡文化资源，实行文化流动服务制度化。主要是建立以流动图书馆、演出车、电影队为主体的流动文化服务体系，把图书借阅、小型文艺演出、图片展览等文化活动送到农牧民家门口、帐篷边。扶持文化企业以连锁方式向基层和农村牧区推进文化网点建设，对社会资本投入公益性文化建设实行税收优惠。

第三节　政府公共文化服务差距

从社会深层背景来讲，我国社会长期存在的城乡二元结构，导致城乡文化发展政策失衡，城乡公民文化权益存在很大差异，以致改革开放 30 多年来，城乡公共文化产品供给水平差距不是在缩小，而是在不断拉大。青海与全国发达地区的差距明显，青海藏区与本省发展较快地区的差距同样十

---

① 何启林、关桂霞：《青海农牧区文化信息资源共享工程调研》，《青藏高原论坛》2013 年第 4 期，第 121 页。

分明显，甚至一些偏远牧区的老百姓享受不到基本的现代公共文化生活，宗教依然是他们唯一的精神寄托，神祇祭祀依然是他们信仰的文化符号，主流意识形态语境下的"文化荒"依然居于"统治"地位。虽然青海省高度重视藏区公共文化建设，但青海是典型的"吃饭型"财政，地方财力十分薄弱，每年的财政支出中，中央财政补贴占到70%，而地方财政支出的70%，主要用于民生建设，包括公共文化惠民工程、公共文化建设投入。加之自然环境、历史积淀、政府职能、发展能力等诸多条件的影响，青海藏区公共文化服务差距还非常凸显。

一　藏区地方政府职能"错位"与"缺位"

我国政府是由中央、省、市、县、乡镇多级构成。依照公共财政分权原则，不同层级政府提供公共文化产品和服务的职能分工是不一样的。一般而言，中央政府负责提供国家宏观层面的公共文化产品和服务，地方政府负责提供地方规模的公共文化产品和服务。就青海省及藏区各级政府而言，公共文化产品和服务供给存在权责不清、责任边界模糊等问题，借用学界的表述就是凸显为"错位"和"缺位"。

（一）职能"错位"

所谓政府职能"错位"，是指青海藏区但凡关涉多层级政府在公共文化产品和服务供给中的责任时，没有明晰有效的分担机制，随机随意比较明显，遇到"有责无利"时容易互相推诿，上一级政府往往把本级职责向下转移，在这种运行生态中，上行下效，职能被层层转移，也许原本由上一级政府甚至国家层面承担的许多职责最终却推给了下级政府。

在调研中，有基层干部说，当有利可图时，上级领导就"一竿子插到底"，无利可图时一句"属地化管理"，把自己的责任推得干干净净。还有一种情况，就是政府承担了过多不该承担的公共文化产品和服务供给职责，同样也是一种职能"错位"。

对于其他地区讲，基层政府不重视公共文化建设，把主要精力放在经济建设和各种政绩工程上。在青海藏区则不然，基层政府的主要精力被耗在了"维稳"工作上，基本上处在一种"5+2""白+黑"的全天候、全年候状态，有些县个别寺院出了问题，有关部门把当地新华书店的所有藏文书籍全部查封，这在一定程度上影响了政府公共文化建设的精力和能力，故也可称之为"错位"。国家对民间文化团体的扶持没有形成"良币驱逐劣币"的竞争环境，对民间出版的内容健康的民族文化或宗教文化产品，也是习惯于一刀切的"一禁了之"。

（二）职能"缺位"

青海藏区公共文化产品和服务供给体系，主要集中在供给决策、资金筹集、供给监督三大领域。从资金筹集来讲，基本上是政府一家唱"独角戏"，由于省级财力所限，政府借此掌控的财政调控能力还非常有限，许多关乎藏区公共文化发展的建设项目，如果国家不投资，省级财政就无能为力。在面对社会公众对公共文化的多样化、差异化需求时，政府不能积极作为导致"政府失灵"。现行的文化体制和文化政策下，青海藏区基层政府的"缺位"，则更多表现为一味执行上级的指令、指示，不能以农牧民群众"众口难调"的文化需求为己任。国家的各种公共文化投资大都是以项目带经费的形式下达，青海藏区日常公共文化服务工作的开展，主要依靠地方政府拨款来解决经费问题，国家的各类项目工程解决了场馆等基础设施建设，但保障不了日常活动的开展，各州、县地方财政拮据，支撑公共文化服务的地方配套资金得不到落实兑现，如"两馆"免费开放的州、县，因经费、场所、设备等因素的制约，群众文化体育活动无法正常开展，甚至文化下乡演出、文化市场检查因没有交通工具和专项经费而搁浅。如海南州，根据国家的资金筹措比例，州财政每年应给州图书馆安排落实免费开放的地方配套资金10万元，县财政每年应给县图书馆安排落实免费开放的地方配套资金4万元，但因地方财政拿不出钱，"两馆"免费开放的地方配套资金一直都没有落实，致使国家和省上的政策规定只能停留在会议文件要求上。

二　藏区内部城乡公共文化服务发展不均等

以纯牧业区和格尔木市落差为典型。和全国相比，青海公共文化基础设施建设整体处于落后状态，而就本省而言，城乡差距明显。青海生产力布局、人口分布极不平衡，全省70%的人口居住在仅占全省面积3%的西宁、海东经济相对比较发达的地区，而占全省总面积97%的其他6州人口仅占全省总人口的30%，除海西州外，其他各州经济发展落后，基本靠中央、省级财政转移支付维持运行。在我国，政府投入是保障公共文化产品供给数量与供给质量的基础，是提高公共文化产品供给绩效的重要保证，在青海藏区就更显如此。2008年，国务院出台了《关于加快青海等省藏区经济社会发展意见》，中央财政投入向青海藏区倾斜，大量文化建设资金流向农牧区，但是，由于青海藏区公共文化建设历史欠账太多，文化基础设施十分薄弱，文化发展落后的局面不是短期内可以改变的，更不可能随着文化工程项目的结束而得以根治。藏区 6 州与省会西宁和自然条件较优越的海东市相比，长期存在的城乡公共文化服务发展差距依然凸显，同时 6 个自治州内部发展差距也比较明显。

格尔木，蒙古语意为河流密集的地方，位于海西蒙古族藏族自治州境南部，距州府驻地 338 千米、省会西宁 710 千米，是青海省西部的一座新兴工业城市。平均海拔 2800 米，面积 76663 平方公里，市人民政府驻格尔木，属州管副地级市。2011 年 5 月，格尔木市入选全国首批 31 个"国家公共文化服务体系示范区"创建城市，先后投入 2 亿元资金，实施了奥林匹克中心广场、体育场升级改造、数字化图书馆建设、乡镇综合文化站、公共文化信息共享工程以及社区文化设备配备及项目建设等一批重点公共文化基础设施建设项目。2013 年 11 月 6 日，通过验收获得"示范区"的正式命名。截至目前，全市已建成部颁一级文化馆 1 个、部颁三级图书馆 1 个、博物馆 1 个；大型文化广场 7 处，影剧院 5 个，文化活动公园 3 处，会展中心 1 个；城区文化活动中心 3 个，青少年文化活动中心 2 个，乡镇综合文化站 4 个，农（牧）家书屋 40 个；文化信息资源共享工程市级支中心 1 个、村级服务点 42 个①；建成了郭勒木德镇国家级木雕刺绣之乡、乌图美仁国家级那达慕之乡等特色文化乡镇，形成了较为完善的四级公共文化服务设施网络，"15 分钟文化圈"

---

① 省文化新闻出版厅公共文化处提供。

基本形成。格尔木还有一支优秀的公共文化人才队伍，1个专业歌舞团、1个演艺经纪公司，10余家民间文艺团体，500多名文化志愿者，2000多名文化爱好者，每个村都有兼职文化指导员，初步形成了"一个社区、一个特点、一种模式"的特色。"激情广场、百姓大舞台、文化协会交流竞赛、昆仑之星才艺大赛、个人艺术作品展……政府搭台，群众唱戏，能人带头，全员参与。格尔木市利用各级文化阵地和人才队伍，形式多样的文化惠民活动蓬勃开展。"①

格尔木市尽管也属于青海藏区范畴，但它是以工业为主的一座现代新型城市，工业产值占全省的20%，城镇居民人均可支配收入、农牧民人均纯收入都比全省平均水平高出3000元以上。经济总体发展实力，让格尔木公共文化发展建筑在可行的基础上。在文化部开展的创建国家公共文化服务体系示范区（项目）和"三馆一站"免费开放督查工作中，格尔木市的公共文化服务体系建设受到了好评。在文化部召开的第三次全国文化馆评估定级命名颁牌仪式暨工作总结会议上，青海省互助县文化馆、格尔木市文化馆被命名为"一级文化馆"；西宁市群众艺术馆为"二级文化馆"；大通县文化馆、乐都县文化馆、都兰县文化馆、天竣县文化馆为"三级文化馆"。由此青海人看到了希望，也看到了差距。目前，最突出的就是农村牧区政府公共文化服务体系整体滞后，特别是"三馆"硬件设施建设滞后，总体服务功能不全的问题。

---

① 黄瑾辰、董瑾基：《塑造家园的灵魂——格尔木公共文化服务体系建设纪实》，《青海日报》2015年6月12日。

图书馆。作为非营利性机构及文化惠民工程，公共图书馆是政府文化部门的直管单位，政府职能通过公共图书馆等公益性文化事业单位外溢，为公众获得文化需求的公平机会提供可能。在公共文化服务体系架构中，作为政府公共服务委托机构的公共图书馆，集产品与服务生产和实施于一身。也正是基于此，国家和各级政府越来越重视公共图书馆的建设与发展。青海藏区有 7 个州地市级公共图书馆，绝大多数始建于 20 世纪 80 年代，年久失修、设备简陋，功能残缺。最近几年，国家和青海省集中投入大量资金进行修缮，有的完全是新建，像果洛州图书馆，灾后重建的玉树州图书馆，作为"示范区"建设之一的格尔木市图书馆，在国家验收中获得的部颁三级馆的等级，与此相对的是一些不达标的州级图书馆，如"黄南州图书馆，1978 年建馆，馆舍建筑面积1260 平方米，2008 至今，因同仁城市规划，州图书馆被强行拆除"①，在无搬迁费、无租赁经费的情况下，经多方奔走协调，终于在黄南州中学借到了临时办公场所并于 2008 年11 月 18 日搬入州中学北四楼约 100 平方米的教室内临时办公。由于面积狭小，电子阅览室 10 台电脑只能寄存在他处，电子阅览工作处于关闭停止状态。2012 年 7 月 18 日州图书馆利用免费开放经费租赁百万购物中心三楼 800 平方米大厅，经简单装修隔离后，开设了电子阅览室，面积约 200 平方米，接入 2 兆移动宽带网络。全省 35 个县级公共图书馆，馆舍面积狭小，标准偏低，设备简陋，有的甚至没有阅览

---

① 何启林、关桂霞：《青海农牧区文化信息资源共享工程调研》，《青藏高原论坛》2013 年第 4 期，第 120 页。

室。"按照国家颁布的《公共图书馆建设标准》,青海藏区的县级图书馆绝大多数达不到县级图书馆馆舍面积最低标准为800平方米的规定,"① 馆藏图书及借阅能力、信息化技术水平等差距更大。

文化馆(群艺馆)。目前,青海藏区有州地市级文化馆(群艺馆)9个,县级文化馆44个,绝大多数始建于20世纪80年代,房屋简陋、设备老化、功能不齐。经过近几年政府的强投入,一部分条件得到了改善,还有相当一部分没有达到国家规定的州级群艺馆馆舍面积不低于4000平方米的最低标准。2008年,黄南州群众艺术馆、州体育场、州影剧院等先后被拆除,目前,州群众艺术馆在外租房,无节目排练场地,有些工作无法正常开展,州府所在地没有文艺节目演出场所。按照国家颁布的《文化馆登记必备条件和评估标准》衡量,县级文化馆馆舍面积最低标准为1500平方米的规定,青海藏区县级文化馆普遍标准偏低,有的长期被非文化单位挤占,无法正常开展业务,只能维持基本的办公需求。县级文化馆,基本上是条件最差的单位,地方财政拨付每年每人约2000元的人头经费外,无其他任何经费,除了应付一些有组织的文化活动,平时很少有人过问,正常组织开展群众文化活动的经费需求无法兑现落实。实际上,青海藏区独特的自然地理环境和游牧文化、宗教文化的背景,如果当地的文化馆、群艺馆不能在契合民族文化上做文章,传统的文化生活很难退出主导地位。更何况,不少县级文化馆

---

① 何启林、关桂霞:《青海农牧区文化信息资源共享工程调研》,《青藏高原论坛》2013年第4期,第120页。

本身就是先天不足，连自身的生存都成问题，遑论其他。至于县级影剧院，大多建于 20 世纪六七十年代，年久失修成危房，完全丧失功能。

乡镇文化站和村级体育器材。青海藏区乡镇文化站，国家扶持资金有限，地方配套资金兑现困难，此种情形下建成的乡镇文化站，要么内部没有设备，要么没有运转和维修经费，要么没有人管理。调查中可见，文化站内部配置了一些简单的设备，平时几乎不搞什么活动，这在人烟稀少的牧业区最为明显。村级体育器材状况，以海南州为例，2007 年实施"农民健身工程"以来，全州发放体育器材的行政村只占25%，因配发力度小、周期长，首批发放的体育器材不少已经损坏，不能正常使用。黄南州同仁县 12 个乡镇共有 72 个行政村，只有 6 个乡镇的 11 个行政村建有篮球场，23 个行政村有篮球架，1 个乡（6 个行政村）没有任何体育建设场所和健身器材，而由文化体育部门配发的篮球架基本上变成废品。

三 玉树重建后州治所在区域与其他藏区的差距

玉树州是全国 30 个少数民族自治州中海拔最高、人均占有面积最大、主体民族比例最高、生态位置最重要的一个自治州。首府结古是历史上唐蕃古道的重镇，也是青海、四川、西藏交界处的民间贸易集散地，见证汉藏团结的历史上有名的"唐蕃古道"就经过玉树。2010 年"4·14"玉树大地震使原本底蕴丰厚、个性独特的民族文化惨遭重创，灾后恢复重建工作以来，按照玉树要建成为高原生态型商贸旅游城市、三江源地区的中心城市、青海藏区城乡一体发展的先行地区的重建定位，公共文化建设被摆到了重建工作的重中之重。截至目前，国家累计向玉树州全国重点文物保护单位拨付修复经费 21486 万元、省级文物保护单位投入 6792 万元、玉树灾后文博设施投入 9664 万元、少数民族非物质文化遗产抢救保护投入 948 万元、宗教文化活动场所投入 10000 万元。[①] 特别是国家总投资 30061 万元的玉树博物馆、康巴艺术中心、格萨尔艺术中心、地震遗址纪念馆、文成公主纪念馆等成为新玉树公共文化设施标志性建筑。

正在建设中的玉树州广播电视及康巴语译制中心，位于结古镇琼龙路东侧，主体建筑为 4 层，建筑面积 4500 平方米，1 至 4 层主要是电视台、新闻部、藏语部、译制中心的主要机房、播音室等办公用房。该项目由国家广电总局中广电广播电影电视设计研究院（具有国家甲级设计资质）设计，中国铁建承建，于 2011 年 10 月份正式开工，目前已完成 500 平方米演播大厅，4500 平方米主体多功能办公大楼建设，多功能办公大楼主体工程及室外装修藏式铝板、玻璃幕墙等工程已完成，内部设备正在招标购置中。这是青海藏区州级台中最大的广播电视产业基地，担负着康巴藏语的广播电视采、编、播和康巴藏语影视译制工作，在维护社会稳定、促进经济发展、坚守党的核心领导地位等方面发挥着特殊作用。

一系列面向基层、面向牧区的文化设施建设项目顺利实施，基层文化设施整体面貌有了显著改善。2010—2013 年，涵盖玉树市及其他 5 个县 18 个乡镇总投资 3275 万元，基本

---

① 玉树州调研资料。

实现了县有图书馆、文化馆，乡有综合文化站的建设目标。州、县图书馆、文化馆及 45 个乡镇综合文化站，自 2010 年始，陆续向社会免费开放，公共空间设施场地全部免费开放，国家每年为基层图书馆、文化馆及乡镇文化站拨付免费开放资金 525 万元。在文化产品方面，2014 年通过社会融资、企业投资等形式投入约 1600 万元，打造旅游精品剧目《音画玉树》、音乐剧《仓央嘉措情歌》及经典感恩剧《玉树的春天》。

总体讲，玉树州治所在地包括玉树市，市政建设特别是公共文化设施建设与非灾区和周边藏区相比，其建设理念和水平跨越 10—20 年。也正是如此，玉树重建区域与其他地区的差距也就凸显出来了。

一是玉树市与州内其他 5 个县尤其是与西三县的杂多、治多、曲麻莱的差距非常大，诸如广电媒体一些基础设施非常简陋，有些地方存在着无任何设备的状况，过去都是靠国家统一配置和调配，现在多数已被淘汰和报废，基本功能无法正常发挥。广播电视数字化改造资金匮乏，进程缓慢，各县仅靠转播，无任何自办节目。目前全州偏远地区仍有 21.27% 的农牧民群众听不到本民族语言的广播、看不到本民族语言的电视。

二是玉树州治所在地与其他藏区的差距也非常明显。像同为青南三州的黄南、果洛，公共文化建设的基础、规模、水平，无法同日而语。这里既有城乡之间的发展差距，也有同为农牧区的差距，而且存在着明显的"马太效应"。对于玉树地震灾区，是全国人民帮助重建家园，在强大政治任务和社会舆论面前，个别基础硬件的建设追求大气和超前，但没有充分考虑与之相呼应的软件和服务能力能否跟上，地区经济发展水平和人口规模能否提供长远效应。而其他藏区，甚至连基本的公共文化设施、体育健身场所都没有，已有的投资又没有充分发挥作用。

四 公共文化体制机制改革滞后

长期以来，我国实行的是政府"供给主导型的供给体制"。文化管理部门彼此分割，职能交叉重叠。如文化信息资源共享工程、非物质文化遗产保护、文化馆建设、农（牧）家书屋建设、广播电视村村通，等等，主要由文化部、国家广电总局和新闻出版总署牵头实施，可以讲是政出多门，这种状况不仅造成文化投入的资源浪费，而且对行政不作为或乱作为难以问责、究责。在此种自上而下的管理体制下，青海省及6个自治州文化体制的改革很难有实质性的突破，甚至在历次的政府机构改革中被边缘化。就目前而言，提供公共文化服务的部门有宣传部及下属文明办，有报社、文化局、广电局、体育局，有"三馆"（图书馆、文化馆、博物馆）、歌舞团、影剧团以及文联、团委等数十个机构和部门。具体到青海藏区，虽然对文化事业的发展是越来越重视，但文化机构萎缩、编制奇缺、职责不清等成为州、县、乡、村四级公共文化服务网络的普遍问题。

一是州级公共文化行政管理服务机构编制难以支撑公共文化服务功能。2010年机构改革中，设岗定编存在很大的缺陷，"职""责"不对应、"岗""员"不对称的现象普遍存在于州县文体行政主管部门，部分工作职能无法得到切实履行。以海南州为例，州文体局核定编制仅为6人，当初含非领导职数县处级干部就占到 3 人，核定的 4 个内设科室只能任命 3 人；兴海县文化局仅有 1 个局长，秘书 2 个人；同德县是与教育一起合署办公，实际承担文体工作的仅有 1 人，教育布局调整期间，连 1 人的工作量都无法保障。果洛州文化体育局是 1 个局长，2 个副局长，2 个科长，共计 5 人，没有办事员。文化艺术科只有科长 1 人，身兼数职；文化体育局没有体育科，也没有下属单位，国家政策是管办分离，实际上仍是一套人；文化产业缺专门人才，也没有文化产业科。文化市场稽查要么没有机构，要么有了机构又没有人，像久治、玛沁两县成立了文化综合执法大队，但没有专职文化稽查人员，平时没人管，在前期防患于未然不重视，一旦出了事就找文化管理部门灭火。近几年，藏区维稳任务繁重，为了保障正常工作的进行，国家给青海藏区增加了 2000 多个编制，但文化系统没有一个。

二是县一级公共文化行政管理服务机构先天"残疾"。由于编制所限，通常是文化、体育、旅游合署办公，总共 3—4 人。如黄南州的河南蒙古族自治县，文体广电旅游局目前编制只有 4 人，泽库县文体广电旅游局核定编制 5 人，而实际的正式工作人员只有 3 人。从职能上讲，县级文体部门承担着文化、体育、新闻出版、广播电视、群文、文博、文化市场管理甚至是教育等大量的行政管理服务职能，而目前的实际情况是顾此失彼，或者是依主管领导的偏好和能力来显现。至于乡镇文化站，基本上没有正式的专职工作人员，兼职人员"兼而不顾"极为普遍；部分乡镇招聘临时工进行管理，但由于待遇低，管理队伍极不稳定。村级农（牧）家书屋由于无专人管理，国家投入的设施设备长期闲置，甚至成为村两委班子干部的家庭用品。用基层干部的话说："乡镇文化站修好了没有人，时间长了房子烂了，设备丢失了，国家投这么多钱有什么用。"青海藏区公共文化基础设施建设存在的"重建轻管"现象，就与这种州、县、乡、村四级管理体制的自身缺陷有直接关系。

三是文化行政管理职责不清，影响公共文化资源有效利用。这可以说是造成文化政策行政执行力不断下降、行政成本日益增大，文化发展"共建共管"工作格局障碍逐步增多，行业壁垒和行政界线对文化的影响不减反增的最关键性因素。同时，公益性文化单位长期投入不足，经营性文化单位依旧滞留在计划体制模式之内，这种文化管理体制的弊端影响公共文化事业的大发展大繁荣。如黄南州，很多项目、资金是由省文化新闻出版厅直接下达到4县文化部门或文化企业，造成个别单位不按行政程序，越级上报；个别县级文化单位在申报项目时也直接上报省厅，架空州局监督、指导、管理全州文化工作的行政职能，致使很多项目资金及实施情况州局无法掌握、监管。热贡文化生态保护区管委会与州文体局在非遗等工作上职能重叠，管委会对本应文化部门具体负责的非遗项目及资金"一竿子插到底"，简单点说就是有利可图时大家"一哄而上"，反之则互相推诿、扯皮。

五　文化队伍人才匮乏，结构失衡

长期以来受编制所限，青海藏区各"州县文化行政部门无法按照实际需要引进优秀专业人才，原有的优秀青年文化人才又不断流失，文化队伍专业人员结构比例不尽合理，整体素质不高，普遍缺乏编剧、导演、作曲、舞美等人才。农牧区基层乡镇文化站也就可想而知，不仅缺图书馆专业人员，更缺网络技术人才，专业能力的严重不足，直接影响依靠技术支撑的文化信息资源共享工程作用的发挥。而人才培养工作则因缺乏经费难以持续进行"[1]。

海南州目前在编的从事公益性文化事业的220人中，副高以上职称的有26人，主要集中在舞蹈和歌唱两个文艺门类，编剧、作曲、编导、文学创作等创作类的人才奇缺，文博、文艺分类学术研究等领域专业人才更是凤毛麟角。全州文化产业从业人员中90%以上是小学以下文化程度，大专以上文化程度人员只有13人。文化企业经营管理人员中既具有专业技能又学过企业管理的只有2人。现在文化场所有了，缺的就是能拉会唱的人，他们非常担心国家花钱配置的乐器（民乐为多）白白浪费了。其实，青海藏区乡土民间并不缺人才，只是但凡有本事的都到更大的空间发展去了，州县文化馆的专业人才，由于供不应求，实难满足基层的文化需求。

黄南州普遍缺文化产业领军人物以及文物、非遗等专业技术人才。群文从业人员学历大部分以大专为主，少量本科；中级职称占大多数，副高次之，高级职称仅有1人。绝大多数专业不对口，专业技术力量薄弱，主要通过在职培训和工作实践积累业务工作经验。"1982年建馆的同仁县图书馆，现有职工7人，其中在编4人；职称结构是副高1人、中级2人、助理2人，但没有一名属于图书馆专业的。"[2] 省

---

① 何启林、关桂霞：《青海农牧区文化信息资源共享工程调研》，《青藏高原论坛》2013年第4期，第121页。

② 同上。

上为泽库县和日、宁秀 2 个乡镇综合文化站电子阅览室配发了 10 台电脑及相关配套设备，因没有专职管理人员，免费开放工作无法开展。河南县优干宁、宁木特、赛尔龙、柯生、多松 5 个乡镇电子阅览室建成后，由于同样的原因无法开放，部分设备被偷丢失和被乡镇政府机关占用（主要是资源共享电子阅览室的电脑、影像设备、书柜、报刊架等），国家的投入被白白浪费。这种现象在青海藏区不在少数，"至于针对文化信息共享工程，既懂管理和服务，又懂技术和维修的人员更是凤毛麟角，以至于一旦出现问题，小故障常常变成大故障，设备损耗率很高，而维护经费又不能及时跟进，这种情境下，基层文化共享工程资源的利用和发挥受到严峻挑战"①。

果洛州民族歌舞团诞生于 1954 年 8 月，以初时的"乌兰牧骑"式的演出小分队发展到今天以演出藏戏、舞蹈为主的文艺表演团体。现有正式职工 54 人，90% 是藏族，其中正高职称 1 人，副高职称 10 人，中级职称 6 人，初级职称 21 人，五级演员 10 人。从人数上讲不算少，但整体年龄偏大，真正能发挥作用的专业艺术人才缺乏，特别是舞蹈、舞美、编剧等基本是急用时招聘，目前在本地招聘了 12 名舞蹈演员。遇到州庆等大型公益演出时是面向全省招人才，州上拨专款，以解燃眉之急，但平时不行。果洛有丰富的格萨尔文化和艺人，但没有舞蹈编剧。外请专家专业能力强，但不懂本土文化、民族文化，艺术形式再好老百姓不接受。政

---

① 何启林、关桂霞：《青海农牧区文化信息资源共享工程调研》，《青藏高原论坛》2013 年第 4 期，第 121 页。

府也没有近期或长远的人才发展培训规划。国家对文化的投资主要是公共文化基础设施，对文化人才的培养很薄弱。果洛州群艺馆除了舞蹈，基本没有其他专业的人才，舞蹈老师主要是请民间艺人，有时付一点微薄报酬，有时只管一顿饭。各县的群艺馆或文化馆，普遍缺少藏、汉双语人才，因为不懂双语根本没法和农牧民群众打交道，没法收集民间文化资源，所以目前民间文化的收集整理成为最大问题。

玉树州广播电视台是1983年1月，从青海人民广播电台撤离玉树话（康巴语）广播后落地玉树，并正式试播。开辟了我国康巴语覆盖面积最大的地方台广播，形成了采编、播音、制作、播出、发射为一体的广播播音体系，听众不仅遍及藏区，也传送到了国外藏族听众的耳畔。2002年经国家广播电视总局批准设立了电视新闻机构，但没有配置与之相应的人员。玉树重建胜利收官，标志着玉树崭新的广播电视台的诞生，但仍停留在20世纪80年代广播电台人员编制（48人）的基础，造成电视占用广播人员编制，广播和电视都无法正常运营的尴尬局面。

六　体育管理人员和专业人才严重不足

随着国家对青海藏区全民健身工作的高度重视和投资力度的不断增加，体育硬件设施在不断改善，但体育专业管理人才匮乏。调查中我们了解到，青海藏区6个自治州局负责体育工作的人员基本是1人，州业余体校、州健身中心均缺乏专业人才。县级局基本没有体育专业干部或是具体负责体育工作的下属机构。由于部门编制、经费所限，无法按照实际需要招录体育管理和专业人才。而偏远的农村牧区，基本找不到社会体育指导员、体育运动项目裁判员等。各县编制的全民健身实施计划、全民健身活动基本上处在"计划"的范畴，全年开展的体育比赛活动屈指可数，国家倡导的科学健身方法和健康文明生活方式，因没有专业人员指导而少有农牧民群众响应参加。

七　小结

在国家公共文化发展方针的指导下，青海藏区各级政府秉持公共文化服务均等化、保障基本文化权益和体现以人为本科学发展的公共文化服务理念，通过一系列政策措施，在公共文化基础设施建设、文化惠民工程、文化体育健身设施等方面投入大量财力物力，公共文化的资金投入逐年增加，公共文化服务覆盖面在不断扩大。但与此同时，政府公共文化服务差距依然十分明显，文化服务适配性还不能完全满足广大农牧民大众的需求，基层农牧民文化需求缺乏表达能力和表达渠道，一些偏远地区的农牧民群众甚至成为公共文化的"边缘群体"，政府和民间也缺乏对公共文化需求的有效沟通交流。在文化人才培训、输入方面还缺乏特殊有效的措施，公益性文化事业单位的生存还比较困难，发展空间受到诸多限制，国家投入大量资金发展文化，但真正需要扶持的却得不到资金支持，如文化产业就存在扶强不扶弱现象。

第六章　青海藏族聚居区公共文化产品和服务供给模式探讨

青海藏区独特的自然地理条件和历史人文特点，经济社会发展的阶段性特征，都意味着公共文化产品和服务模式的选择，既要遵循公共文化发展的一般规律，又必须考虑自身的特殊性，以优扬长，以长抑短，在坚持政府提供公共文化产品和服务供给的价值目标的前提下，借鉴国内外公共文化产品和服务供给经验，选择和构建符合青海藏区实际的、能够充分保障农牧民群众基本文化权益的模式。在这里，我们只能在借鉴已有研究成果的基础上，结合青海藏区情况，提出实践思路。

第一节　政府提供公共文化产品和服务供给的价值目标

西方公共选择理论代表人物布坎南认为，"政府是由理性的经济人组成，他们也会追求自己利益最大化，并付诸于政府各项决策的制定和执行中，在决策的制定和执行中坚持政府利益本位的决策理念"①。反映到公共文化产品和服务供给领域，政府表达的强势有可能违背民意抑或损害人民根本利益，这就由此带来了一个话题：政府提供公共文化产品和服务供给的价值目标是什么？其实，在第四章第一节"政府公共文化服务理念"部分已有所涉及，这里再从"价值目标"的角度进行强调。政府提供公共文化产品和服务供给的价值目标，是在公共文化建设的实践中逐步确立和日臻完善的。而且"价值目标是具有时代特点的，每一历史时期，都有特定的使命——共同的价值目标"②。汤因比（Arnold Joseph Toynbee）所言："任何一种文明都需要以文化为载体，才能接触到另一种文明的实质。"③青海藏区政府提供公共文化产品和服务供给的价值目标，决定着公共文化产品和服务供给的价值取向和终极目的。

一　权益公平

权益公平的要诀是正义，而"正义是制度选择的首要价值"④，自然也是公共文化产品和服务供给追求的价值所在。恩格斯在谈及平等正义时讲道："平等是正义的表现，是完善的政治制度或社会制度的原则。"⑤ 亚当·斯密（Adam

---

① 尹长海：《政府公共决策价值目标的实现路径》，《理论界》2012年第4期。

② 王玉梁：《价值哲学》，陕西人民出版社1989年版，第343页。

③ ［英］汤因比：《历史研究》，上海人民出版社1986年版，第33页。

④ 何建华：《马克思与罗尔斯的公平正义观》，《伦理学研究》2011年第9期，第3页。

⑤ 马克思、恩格斯：《马克思恩格斯全集》第2卷，人民出版社1979年版，第48页。

Smis）也说过："正义是撑起整座社会建筑的主要栋梁。如果它被移走了，则人类社会这个伟大的结构，……一定会在顷刻间土崩瓦解、化成灰烬。"[1] 英国学者朱利安·勒·格兰德（Julian Le Grand）认为，"公平，或者说其近义词，即社会公众和公平，显然是任何良好公共服务的关键因素。确实，对许多人来说，这正是一些服务存在于公共领域的原因"[2]。在人类思想发展史上，正义始终是社会政治经济等基本制度构建中重要的行为准则和价值取向。政府公共文化产品和服务供给自然也离不开公平正义之纬。在青海藏区，这一点尤为重要，它既是实现藏区社会和谐发展的内在要求，也是保障藏区社会公正的重要手段，因而更应当遵循社会公平正义的价值导向。

前面的章节已经从不同层面、不同角度讨论了公民的文化权利问题。在此强调青海藏区政府公共文化产品和服务供给的价值目标，依然离不开这个话题。公共文化服务的公平性，是人权平等、社会公平等基本价值理念在公共文化领域的延伸和体现，从文化权利的人权属性讲，公平性也是公民文化权利的核心，而且要依靠具体化的可操作性手段来保障，否则人们无法考量。基于此，青海藏区的每个公民，不因民族属性的不同，不因宗教信仰的差异，不因社会地位的分化，在获取公共文化资源，享受公共文化服务时享有公共文化服务的机会、内容和过程的公平。特别是在目前藏区维

---

① ［英］亚当·斯密：《道德情操论》，谢宗林译，中央编辑出版社2009年版，第104页。

② ［英］朱利安·勒·格兰德：《另一只无形的手：通过选择与竞争提升公共服务》，韩波译，新华出版社2010年版，第7页。

稳形势的压力下，公民文化权利如语言文字使用权作为公民权利的重要组成部分，应该得到公平性对待，公正性原则应当践行到公共文化服务领域，这些都对藏区公共文化服务体系构建提出了理性期待。青海藏区公共文化服务的理想价值目标，应该就是在全社会孕育一个公民能够享受到充分的文化权益，并由此成为一个具有思想表达力和文化创造力的载体。

二 社会效益优先

在青海藏区，政府提供公共文化产品和服务供给的"社会效益优先"，主要体现在三个层面。一是价值性[1]，如各级政府部门可以直接供给文化企业以及各类社会机构不能和不愿提供的公共文化产品与服务，并以此引领文化产品的生产服务向符合社会主流价值观要求的方向发展，在文化建设的全过程中始终坚持正确的价值导向，坚持社会主义核心价值观的引领和渗透，充分彰显公共文化服务的人文精神，并以契合民族文化个性发展为落脚点，实现公共文化建设社会效益最大化。二是传承性，即政府提供的公共文化产品和服务，包括组织的藏区各类民营文化企业和社会机构参与提供以社会效益优先的公共文化产品和服务，必须使那些蕴含藏民族优秀传统文化、青藏高原优秀地域文化、人类发展史中优秀游牧文明等特质的文化文明元素能够保留传承，成为政府公共文化产品和服务得以可持续发展的丰厚资源。三是全

---

[1] 王海燕：《政府力量：公共文化服务体系的建设主导》，《甘肃社会科学》2013 年第 4 期。

局性，即青海藏区公共文化的发展，决不仅只是一省、一域之事，而是关乎国家整体发展战略的推进，关乎全面建成小康社会目标的实现。各级政府对公共文化服务的生产和供给，要进行有效监管和评估，及时了解和分析藏区民众文化需求心理和需要方向，立足长远、立足全局，不断优化公共文化产品和服务供给体系，提高政府公共服务质量，实现经济效益与社会效益的有机统一，从而能够最大限度地避免青海藏区公共文化产品及服务供给中的盲从，以及由此造成的低水平重复建设导致的资源浪费，让社会资源和区域资源充分共享，让文化的现代性与文化的民族性"各美其美""同频共振"。

三　多样性发展

多样性发展是自由原则的另一种表述，即公共文化服务的受众要有自由选择文化产品和服务方式的可能。因为公共文化政策制定的过程一定是一个利益博弈的过程。青海藏区公共文化建设，不能和其他地区整齐划一，在施政方针上，应充分考虑到地区文化资源的特点以及赋予的公共文化产品的特质，既遵循文化发展的一般性规律，又顾及到藏区不同群体对公共文化的需求规律，依据公共文化产品及服务供给彰显出来的地域性、民族性、时代性等特点，按照文化资源布局现实要求，进行科学规划和合理布局，充分展现青海藏区特色文化传统和资源禀赋，推进地区、城乡协调发展，形成具有地域特点和民族特色的公共文化生产合力。

在青海藏区，工业化病态并不凸显，城镇化步伐也不是太快，但是，这并不意味着文化生态没有遭受威胁，文化多样性没有遭到破坏。在一些干部的思想意识中，文化一体化始终被作为一个愿望施行，而这并不是从社会主流价值目标来讲的，更多地是从文化情感和文化本位立场显示的偏好。当今社会，民族共同体的在场，很大程度上是用文化符号来诠释的。所以，在一些人包括学者的思路中，要避免民族分离、民族不团结抑或不和谐，只要文化、价值观念变成一模一样的了，问题就不难解决了。费孝通老先生讲的"中华民族多元一体"，被演绎成与汉地文化一体，这种思维认知是非常危险的。在现行的官僚体制下，这种危险如果通过某一个主管文化建设的上级领导来传递，藏区公共文化建设的"一刀切"就无法避免了。正因为如此，坚持多样性发展这一藏区公共文化产品和服务供给的价值目标就显得尤为重要。1997 年，费孝通老先生提出"文化自觉"的概念，在他看来，我国各少数民族只有善于发挥原有文化特长，才能求得民族的生存发展。公共文化服务的"多样性发展"就是依据民族文化的多样性而成为可能和必要的，具体到青海藏区，就是要避免公共文化政策在制定和执行中的"从上到下"的单向传递和释力。

第二节　公共文化产品服务供给的国内外借鉴

在世界各国，基于历史传统和经济社会发展条件，政府公共管理的制度、策略及服务范式都具有明显差异。公共文化服务是国家整体公共服务制度的重要构成，自然形成了各具特色的模式。对于没有走出国门专门对其进行考察的人来说，只能借助已有研究文献，对具有代表性和特色的模式及做法进行介绍，这难免会受制于研究文献的影响，但意图是拟从世界的视域为青海藏区公共文化产品服务供给提供一定的参考。国内发达地区，包括农村对公共文化产品服务供给的探讨同样有声有色，这些都对青海藏区提供了借鉴。

一 他山之石

（一）"政府主导"模式①：法国、日本为代表

这种模式中从中央到地方政府均设有文化行政管理部门，有的是垂直领导关系（如法国），有的则不是（如日本）。②法国1959年成立文化部，至此，"政府主导"一直是其公共文化服务运行的主要模式，文化部的主要职责是为公共文化建设提供预算经费，为公共文化活动提供资助。同时还要行使监管职能，如制定文化企业减免税政策、文化事业协会补贴政策；调动社会资源广泛参与公共文化建设，通过建立各种非营利的文化基金会，激发普通民众参与文化建设的积极性。

以法国音乐节为例——"1981年法国文化部调查发现，37%的法国人通晓乐器，但有机会经常演奏者仅占10%，时任文化部长的Jack Lang决定在这一天举办一个真正属于全民的音乐节，宗旨是鼓励业余的音乐家们走上街头演出，展现才华，给普通群众提供一个充分领略不同风格特色音乐的

---

① 李少惠、余君萍：《西方公共文化服务体系综述及其启示》，《图书馆理论与实践》2012年第3期，第18页。
② 毛少莹：《发达国家的公共文化管理与服务》，《特区实践与理论》2007年第2期，第51页。

大好机会"①。1982 年 6 月 21 日始（法国宣布夏季开始的日子），每逢这一天，专业或非专业音乐人或团体走上街头（以业余音乐爱好者和年轻学生为主），向公众免费展示自己的音乐艺术。各种官方组织的音乐会和民间音乐活动形成良好互动，"让音乐遍布各地"，成为法国公民的音乐"狂欢节"，所有热爱音乐的人们，可以在马路、广场、花园、咖啡厅等任何地方免费演奏。"首都巴黎在当天就有 100 多场音乐活动，在 1000 多个地点同时展现各种形式的音乐，有摇滚、爵士、古典、乡村音乐等，大部分活动是从下午一直持续到半夜。"② 目前，法国音乐节已成为拥有全球之称的"唯一一个跨越国界、语言和文字障碍的节日"，全球五大洲342 个城市成为法国音乐节的分会场。③

以日本图书馆为例——日本公共图书馆体制非常完备，"各级图书馆构筑了一个阅读门槛极低的读书社会，于潜移默化中对于全民族素质的整体提升，贡献巨大"④。国家图书馆是日本最大的公立图书馆，所需经费完全由国家支付。日本政府借鉴西方国家经验，通过"指定管理者制度"，允许地方政府将包括图书馆在内的公共文化服务设施的管理外包给私营企业组织或者团体，通过降低市场进入壁垒发挥企业等社会力量的效率优势，补充公共文化的

---

① 吴泓、张霞：《法国借鉴及中国公共文化服务体系构建路径——从法国音乐节和巴黎沙滩节说起》，《现代经济探讨》2012 年第 9 期，第 85 页。

② 同上。

③ 同上。

④ 金雪涛、于晗、杨敏：《日本公共文化服务供给方式探析》，《理论月刊》2013 年第 11 期，第 174 页。

供给与运营。①

（二）"民间主导式"模式②：美国、瑞士等为代表

以"民间主导式"模式为典型的美国，"从中央到地方都没有专门的政府文化主管部门，政府财政对文化的投入主要通过各类通常被称为'国家艺术理事会'的准行政机构进行分配。政府主要以政策法规营造良好文化生态，鼓励各类文化团体或机构自我生存"③。联邦政府不直接提供公共文化服务，而是交由民间或半官方性质的公共文化服务性组织承担，其中，非政府组织和非营利机构承担了大量公共文化服务项目，联邦政府通过税收政策，激励纳税人向非营利组织捐款，通过市场化、社会化方式购买公共文化服务。

在美国，公共文化服务一直以来都奉行"小政府、大社会"的原则，非文化部门、民间团体乃至金融财团都可以成为文化市场的投资主体，尊重市场规律运营是他们不变的信条，而政府的职责则是对市场进行合理的调控。此外，美国全面推行文化市场法制化，尤其重视对知识产权的保护。④博物馆的创办者不仅有政府，还有民间、个人，构成了别具特色的博物馆文化。纽约公共图书馆的最大特点是服务方便，它不仅是知识分子的必去之处，一般老百姓也经常光顾。在美国，平均每1.8万人就有一个博物馆，而且主要是

---

① 金雪涛、于晗、杨敏：《日本公共文化服务供给方式探析》，《理论月刊》2013年第11期，第175页。

② 毛少莹：《发达国家的公共文化管理与服务》，《特区实践与理论》2007年第2期，第51页。

③ 同上。

④ 朱云、包哲石：《我国公共文化服务市场化视阈下的政府规制研究》，《世界经济与政治论坛》2013年第3期。

依靠社会力量运行，提供非营利性服务。而这种管理格局的形成得益于美国分散、多元、动态的文化管理体制。

（三）"分权化"模式①：英国、澳大利亚等为代表

"政府以'一臂之距'与民间'建立伙伴关系'，进行文化资源的分配、文化事务的管理和文化服务的提供"②，政府通过政策导向，促进文化资源向地方或民间机构合理流动。"英国是最早实行'一臂之距'文化政策的国家。"③ 英国 PPP（public_ private_ partnership）模式即公私合作，它是 20 世纪 90 年代兴起于英国并迅速在西方国家传播推广的一种准公共产品供给模式。在这种制度安排下，公共部门与私人部门之间形成合作关系，共同投入资源、共同承担风险，以提供和管理准公共产品。④ 具体可通过四种方式引导社会力量参与公共文化：一是选择合作企业提供公共文化产品和准公共文化产品；二是政府不直接参与公共文化服务，而是以合同契约的方式，将项目委托给企业；三是资助参股，企业或政府由另一方投资的文化设施、资助的公共文化活动；四是通过社会意见征询与反馈制定政府决策。⑤ 英国政府致力于活动参与同艺术教育相结合，鼓励公众积极参加

---

① 毛少莹：《发达国家的公共文化管理与服务》，《特区实践与理论》2007年第 2 期，第 51 页。

② 同上。

③ 李少惠、余君萍：《西方公共文化服务体系综述及其启示》，《图书馆理论与实践》2012 年第 3 期，第 19 页。

④ 薛薇、张明喜、郭榕：《准公共科技产品的供给新模式》，《高科技与产业化》2011 年第 6 期。

⑤ 王永维等：《公共文化需求反馈机制研究》，载陈瑶主编《公共文化服务：制度与模式》，浙江大学出版社 2012 年版，第 10 页。

各种艺术活动,强调文化活动趣味性和教育功能。如澳大利亚各大文化设施、院团的管理,都是由社会各界参与的理事会来共同完成。政府定位很明确,即政府行政主管部门主要是管文化而不办文化,通过制定文化政策和实施适当的监督,对文化事业进行宏观管理而非直接的行政干预。

二 国内探索

(一) 政府主导供给型模式①

这是学界对我国公共文化实践的一种总结,其核心要义就是政府依据合法权力,运用强制性手段直接或间接提供公共文化产品。我国农村的现实情况决定政府依然是公共文化产品和服务供给的主体,集中表现在公共文化基础设施建设、公共文化事业、农村基础教育、农业科技研究等领域。按照公共经济学的理论,这些领域的文化产品属于纯公共产品,具有消费的非竞争性和非排他性,市场无法提供,只能由政府进行干预和政府提供,社会化主体对政府起协助和配合作用,在决策制定、项目建设等方面处于从属地位。但是,与计划经济时期相比,政府职责发生较大改变,"主导"不再是"垄断",而是"有限政府"下的"有限责任"。浙江省宁波市在这方面已积累了成功经验,如他们开展的"万场电影千场戏剧进农村"活动,"不仅各流动放映队和演出剧团及它们的演出剧目必须经由政府采购中心招标确认,而且还需要与有演出指标的乡镇、村协商,由各乡镇、村自主

---

① 李少惠、王苗:《农村公共文化服务供给社会化的模式构建》,《国家行政学院学报》2010 年第 2 期,第 45 页。

选择影片和剧目，由此使得政府采购的公共文化服务质量较高，受到广大农村居民的欢迎"①。

浙江省宁波市的做法告诉我们，在当今中国社会发展条件下，政府依然是农村公共文化建设主体，是项目和资金的提供者与制度安排者。日渐成熟的民间各社会主体，是农村公共文化服务的生产者和具体项目的执行者，政府通过招标方式让各社会主体参与公共文化服务，政府或委托的代理机构，对项目绩效进行评估，以及时调整合作项目。

（二）合作供给②主导型模式

即"以农民需求为导向，政府、企业、第三部门等多元主体互动合作的公共文化产品和服务供给模式"③。之所以选择这种模式，是因为实际生活当中，同时兼备非竞争性、非排他性的公共文化产品并不多，"更为普遍的是准公共文化产品，如广播电视、各类文化站、农家书屋及其提供的文化产品和服务等。这类文化产品有些虽然在消费上具有私人产品的竞争性，但在技术手段上却难以实现排他性的消费和服务"④，类似广播电视等节目，不能完全交由市场或社会团体运营，而是适宜由政府与社会进行合作供给。在具体实践中，宁波市鄞州区探讨了可资借鉴的经验。鄞州区被称为"中国博物馆文化之乡"，一个重要理由就是民营博物馆的发展渐成气候，以 2010 年为例，鄞州区在建民办博物馆占到

---

① 李少惠、王苗：《农村公共文化服务供给社会化的模式构建》，《国家行政学院学报》2010 年第 2 期，第 46 页。

② 同上。

③ 同上。

④ 同上。

68%，并全部向市民免费开放，平均 3.6 万人拥有一座博物馆，达到发达国家水平，而全国的平均水平是每 60 万人拥有一座博物馆。鄞州区之所以会出现如此景象，和政府制定的一系列扶持民营博物馆发展的政策措施分不开，如"在全国率先出台《关于鼓励促进民办博物馆发展的意见》，通过制度化措施引导、扶持民办博物馆发展"①。政府对民营博物馆发展的态度和导向，激励社会智慧积极探索博物馆运行模式，如"企业 + 博物馆、景区 + 博物馆、生产基地 + 博物馆、合作联办等多种模式"②。从全国的普遍情况看，作为完善公共文化服务体系建设重要载体的博物馆，一直以来主要是政府兴办，民族地区最为明显。增加博物馆数量，降低民众参观博物馆的门槛，一直是各地区致力于解决的问题，鄞州区的实践告诉我们，政府可以从大包大揽中让渡一部分交由社会民间组织，通过政策引导和资金扶持，最大限度地推动民间资本参与图书馆等公益性文化设施建设的积极性，实现与政府的优势互补。

在实践合作供给主导型方面，上海市是"通过政府购买服务的手段，将民办非营利文化机构引入基层公共文化服务领域中来。如上海市卢湾区打浦桥街道将打浦桥社区的文化活动中心委托给上海华爱社区服务管理中心运营，实现了街道公共文化服务由直接组织型向指导监督型的转变"③。无锡

---

① 张良：《文化参与机制：公共文化服务建设的制度供给——以宁波市鄞州区为分析对象》，《学习与实践》2012 年第 7 期，第 124 页。
② 荆晓燕：《提升基层公共文化服务水平的路径研究》，《行政论坛》2013 年第 4 期，第 19 页。
③ 同上。

市 2010 年开始，以政府购买公共服务的方式，将文化馆、图书馆的服务、管理分别外包给两家文化企业，成功探索出一条市场化运作公益性文化的路子。

东部发达地区的实践证明，在与政府的合作中，文化企业具有自身优势，诸如船小好调头使得经营策略更具灵活性，工作效率高、成本低，善于以市场化标准配置公共文化资源、开展文化产品营销，等等，这在一定程度上弥补了政府单一供给主体造成的管理服务"结构性短缺"和低效问题。

（三）社会化主体主导型模式[①]

这种模式是指"社会化主体独立承担农村公共服务的决策、资金提供和服务输送，不再充当政府的配角与合作者"[②]。由于社会主体可以聚合各种有利于公共文化服务的资源，是对政府主导的公共文化服务的一种便利补充。而目前的状况是，与前两种模式相比，这种模式在我国发育还很不成熟，在农村或西部民族地区是"小荷才露尖尖角"，许多社会化服务组织还处于"休眠状态"[③]，但不少研究者从理论层面上进行了预设。可以肯定的一点，随着我国全面深化改革的推进，经济文化发展能力的提升，呈现在社会现实中的公共文化产品，其公共属性尤其是准公共属性，是处在一种动态变化中，因之，公共文化产品供给方式自然也要发生改变。一般而言，在一个国家抑或地区经济发展能力还较低

---

① 李少惠、王苗：《农村公共文化服务供给社会化的模式构建》，《国家行政学院学报》2010 年第 2 期，第 47 页。

② 同上。

③ 同上书，第 48 页。

的条件下，社会所需的公共文化产品主要是由政府供给，而当经济发展达到一定实力，一些公共文化产品的公共属性就会减弱，政府作为单一供给主体的比重会下降，社会化主体对公共文化产品供给比重会明显上升。随着社会的成熟，社会自组织能力和自治能力的增强，社会化主体自主提供公共文化产品便有了更大空间，独立承担公共文化产品决策和服务输送的能力会大大提升，不再以充当政府配角的地位而存在。当然，还有很长的路要走，特别是在农村（牧区）。因为这要受制于国家和区域的现代化、城镇化发展水平，受制于政府对社会组织在政策、法律、资金等方面的供给，受制于农村社会化组织自身的条件及发展水平。

第三节　青海藏区公共文化产品和服务供给多元化模式探讨

他山之石可以攻玉。国外公共文化产品和服务供给模式可以为青海藏区提供一个国际化视角和经验。政府并不保证提供公共产品，政府只能保证公共产品被提供。当然，各国情况不一样，再好的东西也不可能照搬照抄，但西方国家一些服务理念值得学习，对公民文化权益的尊重、政府与社会的共同治理结构等方面的思路可以参考。国内公共文化建设实践探索的经验、模式同样说明，提供公共文化服务是政府的基本职责，但这并不意味着政府必须是公共文化服务的直接提供者，这些都为探讨青海藏区公共文化产品和服务供给多元化模式提供了良好的研究视野和实践基础。青海藏区同其他地区相比，公共文化产品和服务供给更加复杂多样，必须有灵活有效的供给制度作保障。在选择公共文化产品和服务供给模式时，青海藏区除了要考虑供给主体自身的条件外，还要考虑藏区公共文化产品的特点，公共文化服务路径依赖以及区域公共性问题，公共文化服务客体的不同需求等因素。本节尝试着从三个方面对青海藏区公共文化产品和服务供给多元化模式进行表达。

一　政府主导下的"主体共治"型模式

青海藏区公共文化产品的"公共性"，决定其服务供给主体自然是政府。但政府"主导"，不是政府"包办"、政府"全能"，这是其一。其二，政府层级定位，我们惯用的"政府主导"，究竟是哪一级？中央政府？省政府？州、县基层政府？青海藏区长期以来的状况是，谁拿的钱多，谁的腰杆子就硬，掌控的"话语权"就多，对于一个财政不能自给甚至还处于"要饭型"财政的地方政府，公共文化建设很容易被国家统一安排的各种"项目"所绑架，政府的主导作用更多的是用国家"投资"来诠释的。以至于青海藏区公共文化建设的许多项目，国家投资完就完了，地方政府根本无力后期管护，更谈不上多主体共治了。

实际上，青海藏区公共文化产品和服务供给，是建立在各级责任主体供给能力之上的，各管辖主体都会考虑自身利益及实现利益的手段。我们在这里提出的政府主导下的"主体共治"型模式，主要是讲不同层级的责任主体在发挥"主导"作用时，不是层层下达、一级压一级，被动执行上级意图，包括国家政策，有利可图时大包大揽，谁都不愿意让渡一部分权利，反之，就责任下移、重心下移，而是能够通盘考虑各管辖主体提供公共文化产品和服务的利益与成本公平分配问题，不同层级责任主体在体现"政府主导"时的权责边界。公共文化产品的供给存在着经济动因和商业利益，此种情境下，各级责任主体合作提供公共文化产品的动力会比较大，而当这种动力减弱抑或不存在时，各责任主体有可能都不愿承担自己的责任，这时，"主体共治"就显得尤为重要。这是讲的第一层关系，即政府与政府之间的关系。

第二层是讲政府与其他社会主体的关系。对于纯公共文化产品而言，原则上由政府直接供给，诸如有关公共文化服务的法律法规以及公共的供给政策等，而对准公共文化产品的供给则可以是多方共同完成的，可以是政府直接提供，也可以是非政府组织提供，亦可以是政府外包或公私合作，甚至完全由私人承担。就目前青海藏区的实际情况看，政府还是"一家独大"，依据社会治理理念，政府需要调整发展思路，注重调动其他社会主体的积极性，在政策导向、资金扶持方面主动作为，创作良好的发展环境，借鉴东部地区成功经验，力促藏区民间资本参与图书馆、文化馆、群艺馆、体育馆、博物馆等公益性文化设施建设，借助文化英才和企业家资源，积极拓展藏区公共文化服务渠道，建构公共文化服务多元主体共治格局。例如，政府可以和农牧区基层文化组织合作，对热心藏区公益文化事业的个人或团体组建的农（牧）家书屋、文化中心大院、民族歌舞演出团体等，给予一定的公共财政补助和奖励。

2014 年 5 月 12 日，青海省政府办公厅印发的《政府向社会力量购买公共服务实施办法》（青政办〔2014〕74 号），用清单列出指导目录，其中涉及公共文化体育服务类的项目有：社区公共服务设施文体活动场所等维护；为农村居民提供文化信息资源共享、电影放映、送书送报送戏等公益性文化服务；文艺团体公益性演出；为城乡居民参加全民健身活动提供免费指导服务；公共文化体育基础设施的管理与维护；城镇社区及农村文化服务；政府组织的群众性文化体育活动的组织与实施；政府委托的其他公共文化体育服务。这其实已为政府主导下的"主体共治"型模式提供了政策支撑和实践空间。西宁地区早已在这些方面积极探索，如城西区政府，将原来由相关职能部门承担的服务项目"打包"，面向社会力量购买；"将辖区 21 项与民生密切相关的项目，向社会组织公开招标，以'政府埋单，社会力量承办'的形式，初步探索出一条由'养人办事'到'办事养人'的政府职能转变路子"①。这些都为青海藏区改革提供了借鉴。2015 年 1 月 12日，中共中央办公厅、国务院办公厅印发的《关于加快构建现代公共文化服务体系的意见》，强调要从基本国情出发，坚持政府主导，坚持社会参与，"引入市场机制，激发各类社会主体参与公共文化服务的积极性，提供多样化的产品和服务，增强发展活力，积极培育和引导群众文化消费需求"②。要"推广运用政府和社会资本合作等模式，促进公共文化服务提供主体和提供方式多元化。鼓励和支持社会力量通过投资或捐助设施设备、兴办实体、资助项目、赞助活动、提供产品

①　刘建民等：《政府"埋单"，社会力量承办》，《青海日报》2015 年 3 月21 日。

②　中共中央办公厅、国务院办公厅印发：《关于加快构建现代公共文化服务体系的意见》（中办发〔2015〕2 号），第 3—4 页。

和服务等方式参与公共文化服务体系建设"①。《意见》中的这些具体内容，从国家层面为青海藏区"主体共治"型模式的构建提供了大的政策环境和思路。

二 市场主导下的"合作共治"型模式

从国外做法和国内实践来看，政府提供的公共文化服务，通常是市场不能提供的纯公共文化产品，包括少部分市场不愿提供的准公共文化产品。那么，对于青海藏区来讲，原则上也应该是，公民个人可以解决的就自己解决，"市场能够解决的由市场来解决；市场不能解决而通过社会能解决的，由社会解决；社会也解决不了的，才由政府出面进行全面管理和提供充分的服务"②。只要是可以由市场提供或是政府与市场联手提供的公共文化服务，政府财政就应发挥引导和杠杆作用，在充分发挥直接供给公共文化产品与服务的同时，积极撬动社会资本参与。通过制定与藏区经济社会发展相适应的政策，特别是税收减免方面的优惠政策，激励民营文化企业和有能力的个人捐建公共文化设施，资助开展公益性文化活动。

党的十八届三中全会指出，"推广政府购买服务，凡属事务性管理服务，原则上都要引入竞争机制，通过合同、委托等方式向社会购买"③。《关于加快构建现代公共文化服务

---

① 中共中央办公厅、国务院办公厅印发：《关于加快构建现代公共文化服务体系的意见》（中办发〔2015〕2号），第9页。

② 李景源、陈威：《中国公共文化服务发展报告》（2007），社会科学文献出版社2007年版。

③ 《中共中央关于全面深化改革若干重大问题的决定》，2013年11月15日新华网发布。

体系的意见》讲得更具体："建立健全政府向社会力量购买公共文化服务机制。出台政府购买公共文化服务指导性意见和目录，将政府购买公共文化服务资金纳入财政预算。"①
2015年5月5日，国务院办公厅转发文化部等部门的《关于做好政府向社会力量购买公共文化服务工作的意见》，对政府向社会力量购买公共文化的承接主体进行了明确规定："政府向社会力量购买公共文化服务的主体是承担提供公共文化与体育服务的各级行政机关。纳入行政编制管理且经费由财政负担的文化与体育群团组织，也可根据实际需要，通过购买服务方式提供公共文化服务。"②"承接政府向社会力量购买公共文化服务的主体主要为具备提供公共文化服务能力，且依法在登记管理部门登记或经国务院批准免予登记的社会组织和符合条件的事业单位，以及依法在工商管理或行业主管部门登记成立的企业、机构等社会力量。"③

市场主导下的"合作共治"型模式，必须引入企业办文化力量，主要包括集体企业、私营企业及个体户等。它们参与青海藏区公共文化服务供给有社会公共责任方面的考虑，但主要还是基于营利性目的，因为前提是"市场主导"，那么任何企业都会追求经济利益最大化。如果我们追求的是"政府并不保证提供公共产品，政府只能保证公共产品被提

①　中共中央办公厅、国务院办公厅印发：《关于加快构建现代公共文化服务体系的意见》（中办发〔2015〕2号），第9页。

②　国务院办公厅转发《关于做好政府向社会力量购买公共文化服务工作的意见》（国办发〔2015〕37号），中国政府网·政务，2015年5月11日发布。

③　同上。

供"。那么，市场对配置文化资源的决定作用就会最大限度地释放，作为市场主体的各类企业，它们在参与青海藏区文化基础设施建设包括某些俱乐部类的准公共文化产品的生产中，由于在许多方面有着比政府、文化事业单位、非政府组织更多的优势，能够解决政府财政投资不足而造成的服务弱区或盲区。

"合作共治"可以有几种情况。其一，以青海藏区公共文化产品和服务项目为依托，企业既是公共文化服务的生产者又是提供者，通过这种双重角色与政府合作供给公共文化产品和服务。如民族语言文字的影视作品，信息共享工程的本土化资源等就可以采取这种合作方式。其二，企业直接捐资参与青海藏区公共文化产品和服务供给，体现企业社会公共责任的价值选择，实际上这类情况在青海藏区并不鲜见，如对大型公益性文化演出的捐助。其三，通过对政府公共文化产品和服务项目的竞标获得投资者身份，同时承担管理者职能，像青海藏区的"八大文化工程"，就可以通过这种方式摆脱政府"费力不讨好"的窘境，如此等等。只要政府有与市场主体"合作共治"的愿望，企业有与政府合作的诚意和能力，"送文化"也好，"种文化"也罢，就会成为市场总动员而寻找利益最大公约数。

三 民间主导下的"契约化共治"型模式

2007年6月16日的中共中央政治局会议明确提出，鼓励社会力量参与公共文化服务体系建设工作，2012年6月28日，文化部发布的《关于鼓励和引导民间资本进入文化领域的实施意见》，对民间资本参与公共文化服务体系建设予以明确规定：一是"鼓励民间资本捐建或捐资助建博物馆、图书馆、文化馆、美术馆等公共文化基础设施，引导和鼓励民间资本通过捐助机构、资助项目、赞助活动、提供设施等形式参与公共文化服务"①。二是"支持民间资本兴办具有公益性和准公益性特点"②的文化组织和文化团体，"直接面向社会公众提供公益文化服务"③。三是要"逐步建立公共文化服务政府采购制度，支持民营文化企业的产品和服务进入政府公共文化产品和服务采购目录。鼓励民间资本通过招投标等方式，参与基础文化设施建设、公共文化产品创作生产、公益性文化产品和服务供给、重大文化惠民工程、重大公益性文化活动和其他公共文化服务"④。这表明中央发展公共文化的政策是非常灵活的，但在青海藏区具体实施起来并不容易。出于政治安全和文化安全的考虑，决策者对民间组织参与公共文化建设顾虑重重，基层政府更是畏首畏尾，对文化的管理理念、方式很大程度上还停留在"管""控""堵"层面。党的十八届三中全会讲的全面深化改革，实现国家治理体系和治理方式现代化，自然包括公共文化领域。《关于加快构建现代公共文化服务体系的意见》则明确渗透了这种理念，为我们这里讨论的民间主导下的"契约化共治"型模式的构建提供了理论和政策依据，《意见》中特别指出，"创新公共文化设施管理模式，有条件的地方可探

---

① 文化部：《关于鼓励和引导民间资本进入文化领域的实施意见》（文产发〔2012〕17号），文化部网站·政策法规，2012年6月28日发布。
② 同上。
③ 同上。
④ 同上。

索开展公共文化设施社会化运营试点，通过委托或招投标等方式吸引有实力的社会组织和企业参与公共文化设施的运营"①。可以将"适合由社会组织提供的公共文化服务事项交由社会组织承担。引导文化类社会组织依法依规开展公共文化服务"②。

国家的政策原则非常透明，在实践中如何运行，这在全国都是新问题，青海藏区就更是如此。从大的思路上讲，青海藏区公共文化产品和服务体系，要建立在文化需求多元化、供给渠道多元化、消费主体多元化的基础上，生产方、供给方、消费方三者之间形成公共文化从生产到分配、到消费的一种契约交易体系，"政府力量以一种民事主体的身份参与其中，与社会生产者具有平等的法律地位，这在基础理论层面即体现为一种'契约范式'"③。民间主导下的"契约化共治"参与主体可以是多方面的，从青海藏区社会发育情况看，下面几个主体有很大潜力可以挖掘。

参与主体：非政府组织

非政府组织（NGO），国际社会通常定义为"非营利组织"或者"第三部门"等，我们国家习惯将非政府组织称为"社会组织"。伴随着改革开放的步伐，非政府组织在我国的发育越来越成熟、发展越来越规范，在东部沿海发达省市已渐成气候，如"广东省已经初步建立政府职能转移和购买服

---

① 中共中央办公厅、国务院办公厅印发：《关于加快构建现代公共文化服务体系的意见》（中办发〔2015〕2 号），第 9 页。

② 同上。

③ 傅才武：《中国文化管理体制：性质变迁与政策意义》，《武汉大学学报》（人文科学版）2013 年第 1 期，第 71 页。

务制度，全省 15% 的社会组织已承接政府转移职能"①。就青海省而言，非政府组织的发展水平与发达地区还存在明显差距，目前，在省民政厅登记备案的非政府组织有 2786 家，全省总数在 3000 家左右。青海藏区 6 州，非政府组织的发展和政府对其的管理还很不规范，民间存在的非政府组织，有的是在民政部门登记的，有的是经工商部门注册的，还有的属于草根组织，没有法人地位，但承担着非政府组织的一些社会功能。因藏区社会经济发展的条件和环境，特别是长期维稳的压力、应对"达赖集团"分裂渗透压力，基层政府对非政府组织非常慎重、敏感，久而久之，政府习惯戴着有色眼镜视之，甚至想简单的"一禁了之"。在调研中经常会听到基层干部讲，"我们这有 50 多个非法组织"，当我们请教"非法"界定标准时，谈话者竟然不知所以，这其实反映的就是政府管理社会的理念，只要是政府不掌握、不了解的、不愿意的通通被视为"非法"。而实际上，在青海藏区非政府组织在抗震救灾、生态环境治理、民族文化传承保护等方面发挥着十分积极的作用，公益性、志愿性、民间性是其最基本的属性，照此同样可以在参与政府公共文化建设方面发挥独特优势。当然，青海藏区社会环境复杂，形形色色的非政府组织背后，有一些完全是出于政治动机，在这种良莠不齐的情况下，政府只能依法加强监管，而不能借此因噎废食。

一个国家或地区非政府组织的发展状况，在一定程度上折射了这个国家或地区社会文明程度，包括公共服务供给水

---

① 《南方日报》2011 年 2 月 24 日。

平。非政府组织是青海藏区公共文化服务建设的基本力量，可以对公共文化产品和服务供给发挥积极作用。借鉴国内外成熟做法，青海藏区政府对非政府组织可以通过三种方式实现"契约化共治"。一是政府采购。这是目前非常普遍的一种做法。青海藏区各级政府需要注意的是做好前期工作，如政府应该有一个对公共文化产品和服务供给进行采购的预算方案，要对欲实施项目进行风险评估，再通过招投标等竞争机制向非政府组织采购公共文化产品和服务。具体而言，如青海藏区公共体育健身器材，特别是寺院体育场地和健身器材、文化进村入户工程设备配发等，就可以通过政府采购来解决目前这种体制内的从上到下单向实施而带来的项目周期长、实施脱离实际、浪费突出等问题。二是政府委托。如青海藏区的基层政府，可以针对当地实际需要的公共文化产品和服务，选择有资质的、信誉良好的非政府组织进行委托生产。例如，公共文化基础设施方面的乡镇文化站建设项目、农（牧）家书屋采购经营项目等委托给非政府组织，非政府组织的效率优势，有益于改变目前政府供给存在的供需脱节、建管脱节等突出问题。对以国家项目下达完成的农（牧）家书屋、寺院书屋、社区文化室等，从可行性上讲都可以通过合同承包的方式委托具有较高文化素质和经营能力的个人运营，政府以合同约定如期支付经营人报酬和运营费用，并跟进科学有效的监管机制。三是项目外包。政府的重要职责是制定产品标准和运营目标，并保证最终产品的公正分配，而运营与管理交由非政府组织去做，政府给予相应的资金扶持，把农牧区一些公共文化项目整体外包给非政府组织，政府管理部门对其生产的公共文化产品的质量实施监督，也可通过建立由专家和媒体共同担当的第三方评估机制，对双方合作项目的绩效进行评估。农牧民群众也应该介入评价和监督，并将其满意度作为重要参考指标，政府对损害公共利益的责任方进行问责追究，决定续约或终止合同。国外实践证明，购买服务要比政府直接提供节约 20%—30% 的成本。非政府组织的公益性和非营利性属性，与政府保障农牧民群众基本文化权利的价值理念相契合。"政府通过与非政府组织的有效合作可以弥补自身公共产品和服务供给能力的空缺。"① 对于那些政府干不好，市场也不愿干的公共文化服务项目，也可以引入非营利性质的社会组织，如公共文化信息共享工程后期产品制作、设备维护等就可以通过外包方式由他们来做，一些属于公共文化服务的"真空地带"，政府可以尝试着放手让社会组织适当介入，这有益于弥补政府供给和农牧区内生性供给的不足。

参与主体：民间文化团体

民间文化团体主要是指民间自发组织形成的由一些热爱文化艺术的普通民众组成的文化组织。青海藏区的民间文化团体非常活跃，是群众性文化活动的重要组织载体。他们主要以自我约束、自筹资金、自我发展的形式活跃在青海藏区的民间文化舞台。这其中有藏戏演出剧团、私人电影放映队、文化大院、格萨尔艺人说唱等。例如，果洛全州 6 个县有 20 多个民间演出队，像达日县女子私立学校格萨尔演出队在当地影响非常大，在州庆、县庆活动中承担重要演出任

---

① 李少惠、穆朝晖：《非政府组织参与西部农村公共文化产品供给的路径分析》，《四川师范大学学报》（社会科学版）2010 年第 5 期，第 22 页。

务。但总体上讲，和以前相比，现在的民间演出活动没有以前的氛围浓，主要是没有活动经费，没有排练场地，人员集中比较困难，覆盖面窄、持续性差。调研中，农牧区群众反映，当地文化团体演出的节目和他们的生活非常贴切，可以看懂。既然如此，政府完全可以和这些民间业余文化组织签订协议，根据农牧民群众的文化爱好和文化需求，约定演出场次和具体剧目，辅助政府解决"种文化"的问题。也可以让一些有较高文化素养和经济实力的"农村文化大院"，承担向基层群众进行科学文化知识的宣传普及，配合当地政府开展健康向上的文化娱乐活动，弥补基层文体活动的不足。实际上，青海藏区有很好的民间示范，如海南州贵南县过马营镇查乃亥村牧民南拉先，投资31万元自办的"过马营民族文化中心"，设有汉藏双语图书室，征订各种藏汉文杂志40余种，购置图书8万多册；组建放映队为农牧民免费放映电影；购置电脑，并聘请教师为当地青少年进行基本知识的培训。成立于2003年的同仁县隆务镇"热贡文化服务中心"，是当地小有名气的民办文化项目，由图书馆、培训中心、藏文化论坛中心、展览馆、古籍搜集和出版发行6个部门组成，工作人员7名。其中名气最大的是建有三层砖混结构2000余平方米的图书馆，内设标准图书室、阅览室（还专设有佛教经典阅览室）、电子阅览室和借书窗口等。图书馆募集社会上有识之士的帮助和捐资，现藏有汉、藏、英三种文字，包括历史古籍、手抄真迹、现代科技文化、农牧业实用技术、健康养生、宗教典籍（甘珠尔、丹珠尔）以及电子图像等各类书籍67791册，其中藏文书籍61809册、汉文书籍5158册、英文书籍824册，刊物10余种1042册和电子影像制品 300 余张。通过实用技术培训、专题讲座、心得交流、典型示范、农牧民读书活动等多种方式，培养广大农牧民图书阅读兴趣，成为深受农牧民欢迎的"文化大讲堂"。

现实告诉我们，与国家或地方政府自上而下提供的公共文化服务相比，这些民间文化团体开展的文化活动因更贴近农牧区群众的生活而深受群众欢迎和喜爱。更重要的是，它为本土民众展示文艺特长，弘扬民族传统艺术、发展文化艺术兴趣爱好搭建了"百姓大舞台"，辐射带动乡土文化参与地方公共文化建设，政府在提供普惠化、均等化公共文化产品和服务的基础上，通过建立有益于民间文化团体生成发展的机制，调动普通农牧民群众参与藏区公共文化建设的积极性，那么，更具民族性、群众性、多元性的民间文化产品会成为公共文化的必要补充。

参与主体：社区自治组织

根据公共政策的公共性原则，青海藏区公共文化产品的供给决策理应有广大农牧民群众参与，遵循农牧民群众的意愿，按农牧民群众的真实需要提供。作为社区自治组织的村民委员会（牧委会），不仅具有村级经济、行政管理职能，还具有提供公共文化服务的职责，诸如教育、文化宣传、文娱活动等方面可以发挥积极作用。《中华人民共和国村民委员会组织法》规定村委会的主要职能有：执行党和国家的方针政策；宣传国家法律法规；完成上级交给的任务；维护社会治安和调解纠纷；推广农牧业科技；发展文化教育和经济，等等。从青海藏区的情况看，村委会（牧委会）在实际中主要发挥的是政治职能，特别是维稳方面的任务十分繁重，也可以讲是"上面千条线，下面一根针"，一切以"维稳"为重，至于其他方面的职能较少顾及，包括参与公共文化建设。这种状况也恰恰为我们解决这一问题留下了很大空间。借鉴其他地区经验，政府可以通过契约关系与村委会（牧委会）建立平等合作关系，在社会治理框架下，最大限度地发挥社区自治组织在青海藏区公共文化服务体系构建中的作用，建立起一个依托社区自治组织的多元供给主体。

上述三种模式都各有所长、各有所短，这就意味着任何一种单一模式，都不可能完全解决青海藏区公共文化产品和服务的供给问题，而是应该相互借力、相互补缺，通过多元化模式的"同频共振"来推动合作供给。这里关键的问题是要按照社会治理的理念和框架，打破长期以来公共文化产品和服务供给的政府垄断，创新公共文化服务方式，将青海藏区公共文化产品和服务的政府主导、市场运作、社会筹资三方资源优化整合，改变政府单一治理结构，形成以农牧民需求为主旨，政府、市场、社会、个人相结合的多主体公共文化产品和服务供给模式。"无论在什么情况，通过市场化和社会化来提供公共文化产品与服务只意味着政府职责的内在结构调整以及履行该职责的方式转变，并不表示该职责的减轻（转移或消失）。"①

---

① 石国亮、张超、徐子梁：《国外公共服务理论与实践》，中国言实出版社 2011 年版，第 212—215 页。

第七章 青海藏族聚居区公共文化产品和服务供给的制度设计

提供青海藏区公共文化产品和服务供给能力需要科学有效的制度保障，需要根据区域社会经济发展实际选择公共文化发展的路径，并努力打破传统二元经济结构形成的路径依赖，创新农牧区公共文化发展机制，逐步建立城乡一体的公共文化产品和服务供给体系，打破政府一元供给的垄断体制，探索公共文化服务供给主体、供给方式、供给渠道、供给资金等多元化的体制架构。

第一节 公共文化服务均等化的制度保障

制度经济学认为，制度变迁会导致效率的变化。公民文化权利的表达，需要在实践中建构公民文化权利的制度基础。推进青海藏区公共文化服务均等化，不仅需要加强器物层面的建设，更需要提供制度层面的保障，要在满足国家主流价值目标的前提下，以认同和保障公民基本文化权利为公共文化服务均等化的出发点和落脚点，并以此设计和提供公共文化产品和服务的相关规则和机制。它主要包括"供给机制、决策机制、投入机制"[①] 等。

一 财政投入

青海藏区公共文化产品和服务的财政保障，是公共文化建设的重要内容之一，是实现公共文化服务均等性及公益性的基础条件。我国公共文化产品由政府提供，是由公共文化产品的内在经济特征决定的。政府是公共服务的核心主体，提供公共文化服务，无疑是政府的基本职责。据《文化蓝皮书：中国公共文化投入增长测评报告》（2015），2000—2013 年，青海文化投入总量年均增长、人均值年均增长都超过 20%，增速居全国第一，从这个角度看，青海应该不存在投入不足的问题，但实际上正是因为青海经济总量小，基数低，历史欠账严重，所以加大财政投入依然非常迫切，特别是在青海藏区，财政投入迫切需要解决的一个是资金总量不足问题，一个是资金使用效益问题，而且后一个问题越来越凸显。以我们初步的研究，目前或今后一段时期内，各级财政对公共文化的投资应关注这样几个环节的问题。

（一）实施"文化生态功能区"投资政策

为了推动青海藏区公共文化资源共建共享，保障经济发展薄弱、自然环境差的地区和农牧民群众的文化权益，实现公共文化均等化，国家可根据经济社会发展水平进行地区分类，借鉴国家按照自然生态功能区对青海的定位，不仅不追

---

① 张天学、阚培佩：《我国现行农村公共文化产品供给的制度困境与对策》，《理论月刊》2011 年第 5 期。

求 GDP 指标，而且在三江源生态保护和建设方面，实施特殊政策，已取得明显成效。那么，借用这一种思路，国家可否把青海藏区也视为我国"生态文化"的重要功能区，从大文化战略出发设计中央财政对公共文化服务投入比例，重点是扶持青南地区，加大资金投入。党和国家早已将文化建设提到国家发展战略的高度，强调要以公共财政为支撑，要把主要公共文化产品和服务项目、公益性文化活动纳入公共财政经常性支出预算。国家加大公共文化财政投入的导向已非常明确。中共中央办公厅、国务院办公厅印发的《关于加快构建现代公共文化服务体系的意见》在讲到加大公共文化服务保障力度时强调："合理划分各级政府基本公共文化服务支出责任，建立健全公共文化服务财政保障机制，按照基本公共文化服务标准，落实提供基本公共文化服务项目所必需的资金，保障公共文化服务体系建设和运行。进一步完善转移支付体制，加大中央财政和省级财政转移支付力度，重点向革命老区、民族地区、边疆地区、贫困地区倾斜，着力支持农村和城市社区基层公共文化服务设施建设，保障基层城乡居民公平享有基本公共文化服务。进一步拓展资金来源渠道，加大政府性基金与一般公共预算的统筹力度。"[1]

青海属于国家投入重点倾斜的民族地区、贫困地区，长期以来，省级财政入不敷出，财政支出中的 70% 来自于中央财政的拨款，中央财政对青海藏区公共文化建设的投入，也是全部财政投入的重头，这点在前面已反复讲过。但即便如

---

① 中共中央办公厅、国务院办公厅印发：《关于加快构建现代公共文化服务体系的意见》（中办发〔2015〕2 号），第 17—18 页。

此，中央财政的投入在青海藏区公共文化建设长期欠账的情况下，缺口仍然很大，藏区基层政府财政依然是捉襟见肘。所以，对青海而言，加大中央财政和省级财政转移支付力度，主要靠中央财政，但这并不是说一味地向国家要钱，前面的章节都从不同角度和层面讲到过国家投资的低效和浪费，各种撒胡椒面的"你有我有大家有"的文化工程项目，虽然解决了机会均等的问题，但后期效益、长远效益并不乐观。基于此，有必要适时调整投资思路，可以按照"文化生态功能区"的定位对青海藏区进行有重点的投资。例如，可由国家牵头建立"三江源文化研究保护专项资金"，集中对玉树民族文化遗产的搜集、整理、保护和文化产业的开发工作，对玉树歌舞、民族手工业等特色文化的发展给予资金扶持。考虑玉树的特殊性，通过调整财政政策和适当倾斜的办法，进一步增加财政一般性转移支付力度，将各县原体制补助比例由现在的 7% 提高到 15%，州级困难补助由每年 100万元提高到 3000 万元以上。充分考虑区域性特征，对藏区项目建设实行差别化政策，加大财税金融政策支持力度，省级财政不分享地方税收，州内所有公共文化基本建设项目投资完全由国家财政负担，免除地方政府配套资金。在文化产业发展方面，国家出台的一些约束性政策不搞"一刀切"，将藏区特色文化产业发展纳入国家层面，从项目、资金、政策等方面给予倾斜和支持。

（二）区分类别、投资重心下移

我国公共财政在文化领域的分类投入使用，目的在于充分发挥政府在资源配置中的应有作用和市场在资源配置中的决定性作用，以避免各自的"失灵"。2008 年财政部教科文司就提出，对公共文化服务基础设施网络建设，因其具有基础性、普遍性和易于量化特征，应以中央财政投入为主，地方财政配合。《中共中央、国务院关于加快四川云南甘肃青海省藏区经济社会发展的意见》（2010 年 2 月 1 日）提出"中央安排四省藏区的基础设施、生态建设和环境保护、社会事业、农牧林水气、基层政权建设等公益性建设项目，取消州县两级政府配套投资，并适当降低省级政府配套投资比例"。但从近年国家、青海省安排各自治州的中央投资项目年度计划投资看，大部分项目仍要求州、县配套资金，地方政府因发展基础薄弱、自身财力有限，造成很大压力。

青海藏区地域辽阔，公共文化服务半径大，投入成本与产出效益落差非常高，地方财力不足。我们建议国家有关部门，在制定政策时，能够充分考虑青海藏区成本差异等因素，提高补助系数，加大均衡性转移支付规模。加快财权事权相匹配的转移支付制度的实施步伐，制定各地区人均公共服务标准和投入规划，并纳入中央财政投入和地方政府年度财政预算。在具体操作上要针对青海藏区需要设立藏语广播电视发展、民族语影视译制出版、少数民族文化遗产保护传承等专项资金，加大对藏区少数民族文化发展的支持力度。建议中央财政投资重心下移，进一步加大对公共文化基础设施建设中的图书馆、文化馆、博物馆、群艺馆等投资力度，解决目前经费上的"吃饭型"、经营上的"看家型"境况。公共图书馆为公益性事业单位，政府应将公共图书馆的经费纳入财政预算，并逐年加大投入，以保障能够有正常的年度购书经费、正常开馆所需人员经费、日常业务经费。对州、县级广播电视设施设备的建设及购置给予财政补贴，并将有关维护及年度业务经费和事业发展经费给予特殊政策，确保藏区广播电视工作的正常开展。对准公益性文化事业单位，区别情况通过适宜的财政补助给予扶持。对于经营性文化事业单位，在政策上给予引导和扶持。对民营文化机构实行土地优惠、以奖代补等措施，设立民营文化机构专项扶持资金，解决西部和农村地区政府财政能力不足问题。科学区分公共文化产品和文化市场产品，保证公共文化财政支出不越位、不缺位。

制定中央和省级政府按比例联合分担青海藏区基层公共文化投入的经费保障机制，在基本建设投资规划和财政预算的基础上，实施公益文化服务财政专项补助，从财政政策上保障青海藏区基层公共文化产品和服务的直接提供。建立纳入财政预算的社区和村委会（牧委会）公共文化服务经费投入机制，在保障农牧民基本文化需求的基础上，满足农牧区群众的多样化需求。

（三）优化财政投入结构，提高资金使用效率

从国家层面来讲，要建立规范的财政转移支付制度，优化财政投入结构，充分发挥中央财政在少数民族地区公共文化建设上的导向性作用，使财政资金在地区之间进行合理分配。同时要规范各级政府公共文化产品和服务建设经费财政年度预算，建立保证公共文化事业健康发展的财政投入机制，提高资金使用效率。

结构不合理，投资再多也会是"好钢用不到刀刃上"。青海藏区在公共文化领域的投入，行政运行费用占了一块，还有一块是在"设施"或"项目"上，设施建成了，项目完成了，文化建设也就画上句号了。从我们调查的情况看，

有些项目在青海藏区，特别是纯牧区是不适用的，比如体育设施项目中的建广场，它也许是人口集中、空间小的城镇需要的。但凡了解青海牧区生活的人多少知道些，在居住地域分散、人口稀疏，像青海藏区的玉树、果洛，每平方公里不到4人，州、县治所在地，人口相对密集，再加上一些流动人口，"广场"的功能非常明显，与此相比，我们实地看到的在牧区乡镇一级按照上级部门要求修建的用于文化、体育活动的广场，当地干部讲它就是一个"广场"而已，这些都是按项目带经费下达的，具有"普惠性"。既然如此，谁还会在意当地的牧民们适于什么样的文化体育场所以及喜爱的活动。举此生活中的一个小例子，只是想说，政府有办文化的热情，也投入不少钱，但投资效益如何，是应该认真总结了。

优化财政投入结构，主要是解决三个层面的资金流向问题。一是用于支持藏区文化原创的投入，主要分为支持文化原创的有关制度、机制设计和资金投入两块，像果洛地区的格萨尔文化、黄南地区的热贡艺术等都属于国家级文化生态保护试验区，挂牌不容易，要按照规划开发经营好更难，对于这类具有重要文化生态价值的原创，国家财政应给予重点投入，而且要监管好资金的使用效率。二是用于支撑藏区基本公共文化设施建设，包括公共文化设施和具体公共文化服务，对于其中重大的国家和省级财政投资建设项目，要做好项目投标与签约工作，掌管支出的各部门要定期向预算管理部门报告经费使用详情。三是为特殊群体提供的公共文化服务，如公共信息与教育、民族文化遗产保护知识、最低限度的休闲娱乐。《关于加快构建现代公共文化服务体系的意见》

特别强调要保障特殊群体基本文化权益，并作为公共文化服务的重点对象。

提高藏区公共文化资金使用效率，完善财政支持政策，更好发挥对公共文化投入的正向激励，必须重视对各类投入资金的有效监管，财政部门、审计部门要通过制度设计对公共文化产品供给资金实施监管，以确保公共文化产品供给资金名至实归。经验和教训告诉我们，公共文化财政投入运行的质量，直接关系到青海藏区公共文化产品和服务供给的质量和可持续性。所以，政府公共文化建设投入与产出的效率和效益，投入各环节的审计和监督，应贯穿于公共文化建设的始终，最大限度地规避权力寻租的风险。

（四）发挥市场机制作用，引导社会资金进入

政府的财政投入是青海藏区公共文化服务的主要资金来源，但不是唯一来源。为此，在发挥政府财政投入主导力量的同时，还应积极拓展资金渠道，鼓励支持引导社会各界、民间团体、公民个人参与青海藏区公共文化事业，建立"政府主导、社会参与、市场运作、群众受益"的公共文化建设资金投入机制。积极推进青海藏区公共文化服务市场化、社会化，特别要消除非政府组织投入的体制性障碍，吸引社会资本通过各种方式支持青海藏区公共文化发展。按照党的十八届三中全会全面深化改革的精神，政府要完善青海藏区文化市场投入准入条件，在政策、税收、征地等方面给予优惠。按照《关于加快构建现代公共文化服务体系的意见》，要积极"创新公共文化服务投入方式，采取政府购买、项目补贴、定向资助、贷款贴息等政策措施，支持包括文化企业在内的社会各类文化机构参与提供公共文化服务。落实现行

鼓励社会组织、机构和个人捐赠公益性文化事业所得税税前扣除政策规定。加强对公共文化服务资金管理使用情况的监督和审计，开展绩效评价"①。

二 法律保障

(一) 国家层面

从世界范围讲，公民文化权利在许多国家宪法中都有明确规定，即从整体上肯定文化权利作为一项基本权利，或者是肯定文化活动的某个方面的权利为基本权利。文化权利作为一个法律概念，最早出现在 1919 年德国的《魏玛宪法》。1948 年，《世界人权宣言》第 22 、27 条中，有针对文化权利的内容。1966 年，联合国大会通过的《经济、社会及文化权利国际公约》，对文化权利的理论内涵等做出了多方面的阐述，1997 年，我国政府签署了这一公约，并于 2001 年递交批准书。其实，就我国政府而言，中华人民共和国成立初期颁布的 1954 年《宪法》，就对公民应享有的文化权利作了比较详细的规定。现行《宪法》在总纲里强调，人民依照法律规定，通过各种途径和形式，管理文化事业，第 22 条、47 条规定对公民享有的文化权利进行依法保护。这说明，依法保障公民享受文化权利是我国依法治国的基本要求。针对新的历史阶段和国家治理目标，党的十八届四中全会强调，全面推进依法治国，"形成完备的法律规范体系、高效的法治实施体系、严密的法治监督体系、有力的法治保障体系。"

---

① 中共中央办公厅、国务院办公厅印发：《关于加快构建现代公共文化服务体系的意见》（中办发〔2015〕2 号），第 18 页。

要"坚持依法治国、依法执政、依法行政共同推进，坚持法治国家、法治政府、法治社会一体建设"①。

我国目前已经出台了一些有关公共文化事业方面的法律法规，如全国人大常委会通过的《公益事业捐赠法》（1999年）和国务院通过的《公共文化体育设施条例》（2003年）、《博物馆条例》（2015年5月）等，教育、体育、卫生、广播电视等行业也制定了相关的部门法规。实践证明，这些法律法规对促进和保障我国公共文化事业发展起到了重大作用。然而，从总体上看，这方面的立法仍比较零散，缺漏较多，立法的层次也较低，尚未形成一个较为成熟、完备、法律效力彰显的体系。按照法治中国建设的要求，无论是国家层面还是地方层面，亟须专门性、系统性、综合性的公共文化服务法规体系，这就要求国家立法机关必须重视公共文化立法，为公共文化服务方面准备法律草案、法规和修改法律规则的建议，包括制定更加详细的各级政府事权划分的方案。立法应紧跟文化市场发展的需要，及时修订并完善相应的法律法规②，推进"供给者"与"生产者"体制性分离，提供社会力量进入的制度保障。国家《关于加快构建现代公共文化服务体系的意见》强调，"建立健全公共文化服务法律体系。依法保障公民的文化权利得到有效落实。加快出台公共文化服务保障法等相关法律法规，为现代公共文化服务

---

① 《中共中央关于全面推进依法治国若干重大问题的决定》，载《党的十八届四中全会〈决定〉学习辅导百问》，党建读物出版社、学习出版社2014年版，第3页。
② 朱云、包哲石：《我国公共文化服务市场化视阈下的政府规制研究》，《世界经济与政治论坛》2013年第3期。

体系建设提供法律支撑"①。目前，全国人大教科文卫委正在牵头起草《公共文化服务保障法》（草案），论证过程中各方对"公共文化"的定义提出质疑，我们期待着国家层面能尽快出台一部成熟的法律，为公共文化提供制度保障。在此基础上，修订出台鼓励社会对公共文化捐助、社会力量投资公共文化建设的专门法规，包括社会力量公益性捐赠的税收优惠及奖励政策等。

（二）地方层面

《关于加快构建现代公共文化服务体系的意见》强调，构建现代公共文化服务体系，必须"加快制定地方性公共文化服务法律规范，提高公共文化服务领域法治化水平"②。青海藏区公共文化建设同样需要依法推进。作为6个藏族自治州，按照《宪法》和《民族区域自治法》的规定，都有制定自治条例和单行条例的立法权，而各民族自治地方也早已出台了自治条例和单行条例，但从藏区社会发展的需要看，立法的内容已落伍，其中就没有公共文化方面的专门条款，所以我们提出，自治地方应该重视公共文化建设方面的立法。

其一，要在国家《立法法》的原则下，对青海藏区公共文化政策立法进行科学论证和可行性研究，不能以小套大或是你抄我、我抄你，要针对地方实际对公共文化建设的实质性内容进行专门规定，提高法律制度供给能力。

其二，立法方式可以多样，可以通过修改《自治条例》，

---

① 中共中央办公厅、国务院办公厅印发：《关于加快构建现代公共文化服务体系的意见》（中办发〔2015〕2号），第19页。

② 同上。

增补公共文化建设方面的内容，也可以制定单行条例。目前，青海藏区6个自治州都出台了藏传佛教事务管理单行条例，那么，也完全有能力依据国家《关于加快构建现代公共文化服务体系的意见》提出的"以人民群众基本文化需求为导向，围绕看电视、听广播、读书看报、参加公共文化活动等群众基本文化权益"①，建立基本公共文化服务标准体系，明确各级政府的保障责任和保障底线的方向和约束进行民族自治地方立法。

其三，加强公共文化服务方面的执法，文化行政执法部门应与公安、工商、城管等部门进行联合监管，共同打击文化市场的违法行为。特别是在藏区维稳形势下，对文化市场的管理不能采取一禁了之的思路，而是应在社会治理的框架下，动员社会各方积极力量依法从事藏区公共文化建设，依法保障各主体的权益，营造良好的法治环境。

三　管理机制

文化发展体制转型是我国经济体制转型的题中应有之义。早在2002年的中共十六大就提出文化体制改革问题，次年就开始文化体制改革试点工作，2009年11月，中国东方歌舞团等三家中央直属文艺院团转制改企，这意味着我国文艺院团改革进入了实质性阶段。2012年2月，中共中央办公厅、国务院办公厅印发《国家"十二五"时期文化改革发展规划纲要》，强调深化文化事业单位改革，"按照国家分类

---

① 中共中央办公厅、国务院办公厅印发：《关于加快构建现代公共文化服务体系的意见》（中办发〔2015〕2号），第7页。

推进事业单位改革的总体要求，科学界定文化事业单位的性质和功能，突出公益属性、强化服务功能、增强发展活力，全面推进人事、收入分配和社会保障制度改革，明确服务规范，加强绩效评估考核。国家兴办的图书馆、博物馆、文化馆（站）、群众艺术馆、美术馆等公益性文化事业单位，要创新公共文化服务设施运行机制，探索建立事业单位法人治理结构"①。2015 年 1 月国家出台《关于加快构建现代公共文化服务体系的意见》，根据全面深化改革的形势，对创新公共文化管理体制和运行机制提出明确要求，这是青海及青海藏区公共文化制度设计的依据，目前乃至今后青海藏区文化管理体制改革应围绕以下方面发力。

第一，体制转型。文化事业单位属于我国事业单位的一种形式，主要是指以公共公益为目的，由国家机关或其他社会组织举办，从事文化活动并提供文化产品和服务的社会组织。学界提出，我国传统的文化事业管理体制，"本质上是一种'以生产为中心'的管理系统，即按照文化产品生产的过程设计政府公共管理职能。公共文化服务体制作为一种制度体系体现为一种'以需求为中心'的管理体制，即按照满足人民群众的基本文化需求、保障公民基本文化权利的目标设计政府公共文化管理职能"②，也是一个囊括了文化产品的生产、分配、消费以及资源保障的综合性运行系统。正是基于此，我国公共文化体制的改革、公共文化服务体系的科学

---

① 中共中央办公厅、国务院办公厅印发：《国家"十二五"时期文化改革发展规划纲要》，新华网 2012 年 2 月 16 日发布。

② 傅才武：《中国文化管理体制：性质变迁与政策意义》，《武汉大学学报》（人文科学版）2013 年第 1 期，第 71—72 页。

建构与健康发育，也就不是一个孤立的系统，而是有赖于我国公共服务型政府的建构。作为事业单位大家庭中的文化事业单位，自然也要遵循这一改革方向，同时也受制于国家整体改革的质量与进程。

青海藏区文化发展管理体制改革，远远滞后于全国的进程，加之地区性差异，一般性改革方略会出现"水土不服"或明显的"排异"现象。在全国一盘棋的推动下，青海藏区事业单位提供的产品和服务，性质上已经发生了显著改变，有图书馆、文化馆等纯公益性物品，有影像书籍出版、文化娱乐等私益性物品，文化事业单位的经济地位也发生着改变。2014年12月底，省文化馆和互助县文化馆，以青海省首批文化事业单位法人治理结构试点单位，开始实质性市场化运作，旨在激发公益性文化事业单位发展活力，提升公共文化服务水平。青海藏区文化管理体制改革，可以借鉴省内成熟经验，顺应现代公共文化发展趋势，由易到难稳步推进，包括一些文艺演出团体可以试着走不同于内地的改革思路，完全不与市场化接轨，依赖财政拨款过日子，改变不了生存困难的处境，完全走市场化肯定也行不通，各级政府应根据青海藏区实际，积极探索适合地区发展水平的路子，践行向现代公共文化管理体制转型的职责。

第二，结构转型。现代公共文化服务体系，体现了国家对于公民基本文化权利的理解和回应。按照国家构建现代公共文化服务体系的目标，青海藏区必须针对传统文化事业体制特点及存在的差距，合理规划设计政府公共文化服务流程，界定与文化事业单位的职责边界。同时，文化事业单位也要厘清与政府的关系。长期以来，文化事业单位通常作为政府延伸职能而存在，具有明显的"国家身份"，有赖于此，文化事业单位的一些基本制度根深蒂固，像财政投入、行业分工、单位身份等诸多制度，改革起来都非常困难，所以说"从传统文化事业体系向公共文化服务体系转型是一种结构调整，必须用一种总体性战略安排和系统的改革策略来支持结构调整中系统性政策需求"①。对青海藏区而言，阻力虽然大，但已取得突破性进展，各级政府需要明确的是，从传统文化事业管理体制向现代公共文化服务体系演进，决不能理解成简单的事业体制"升级"，而是一种从设计理念到组织结构的整体转型。

第三，观念转型。国家《关于加快构建现代公共文化服务体系的意见》要求建构"党委领导、政府管理、部门协同、权责明确、统筹推进的公共文化服务体系建设管理制度"②。这显然已超出了传统的公共文化管理范畴，青海可以尝试设立藏区公共文化服务专门机构，统一协调部署藏区公共文化建设，改变公共文化管理部门多头管理、各自为政、封闭运作的格局，在有限的人力、物力、财力，有限的空间的基础上，整合文化、教育、广电、体育、财政以及共、青、妇等部门的资源，构建齐抓共管工作网络，最大限度地发挥公共文化资源共享优势。青海藏区各州、县，可从"大文化"视野整合文化管理部门，探索"大文化"管理体制，如通过设立"大文化局"，将目前的文化、广电、体育、

---

① 傅才武：《中国文化管理体制：性质变迁与政策意义》，《武汉大学学报》（人文科学版）2013年第1期，第74页。

② 中共中央办公厅、国务院办公厅印发：《关于加快构建现代公共文化服务体系的意见》（中办发〔2015〕2号），第15页。

新闻出版等职能重叠交叉的决策管理机构纳入一体。特别是县一级完全可以整合，关键就看有没有气魄进行改革。这样做的后果是行政职位会减少，收益是原来分散在不同部门的政策、法规、条例、许可、经费等管理性资源可以统一和合理调配，实现集约化管理，提升公共文化事务的科学性，从体制上解决藏区公共文化建设的重复浪费问题，更好地服务藏区农牧民群众。

四 人才建设

国家《关于加快构建现代公共文化服务体系的意见》提出，要加强基层文化队伍建设，着力培养一批具有现代意识、创新意识的公共文化管理者和基层公共文化服务人才队伍。按照控制总量、盘活存量、优化结构、有减有增的要求，研究制定公共文化机构人员编制标准，并根据业务发展状况进行动态调整。① 根据青海藏区的实际，具体应抓好以下几个关键环节。

一是合理增加机构编制。按照中央精神，对州、县两级因实行免费开放后工作量大大增加、现有机构编制难以满足工作需要的公益性文化事业单位，合理增加机构编制，解决长期以来无人干事的难题。完善乡镇文化机构公共服务职能，每个乡镇综合文化站的人员都要纳入事业编制序列，"在现有编制总量内，落实每个乡镇综合文化站（中心）编制配备不少于1—2名的要求，规模较大的乡镇适当增加。

---

① 中共中央办公厅、国务院办公厅印发：《关于加快构建现代公共文化服务体系的意见》（中办发〔2015〕2号），第18页。

设立城乡基层公共文化服务岗位，配置由公共财政补贴的工作人员"①。比较大的乡镇还应适当增加编制。乡镇综合文化站履行服务社会、指导基层、协助管理基层文化市场的职能，其业务由上级文化部门指导，日常工作由乡镇管理。

二是提高福利待遇。主要是解决青海藏区文化主管部门工作人员公务员资格和待遇等问题，我们经常在讲"群众利益无小事"，老百姓的民生问题无小事，借此思路，我们认为藏区基层干部的福利待遇问题也无小事，理由很简单，这是他们解决好老百姓问题的基本条件，我们不能总是拿牺牲奉献之类的话来要求他们，这同样是不公平的。所以，中央高度关注西部民族地区基层干部的基本待遇问题，青海藏区就更是如此。如青海藏区的三江源地区，人均寿命比全国平均水平低 5.6 岁，比全省平均水平低 3.4 岁，比西藏低 0.6 岁。玉树、果洛两个藏族自治州与西藏在自然地理条件、生存环境、历史文化、经济社会等方面相差无几，但福利政策上差异很大，干部职工工资仅有西藏同类人员的 40%，医疗、教育、住房、休假等方面待遇与西藏差距更大。为此，我们建议，建立高海拔民族地区工资水平动态平衡与增长机制，按照同等海拔、同等区域、同等待遇原则，提高青海干部职工工资水平，并保持比较优势。

三是完善人才招聘制度。在目前机构改革的背景下，编制的增加始终是有限的，而且也不可能完成由着人们的愿望来。所以，本着不求所有、但求所用的理念，面向全国全社

---

① 中共中央办公厅、国务院办公厅印发：《关于加快构建现代公共文化服务体系的意见》（中办发〔2015〕2 号），第 18 页。

会公开招聘急需人才，是解决青海藏区基层公共文化职能部门、文化机构从业人员空编缺编问题的有效途径。目前，关键的问题是给政策或给资金，就像果洛州民族歌舞团，但凡政府在这两方面能够赋予他们自主权，就不会落入今天的窘境。

四是搭建人才培养交流平台。"将公共文化服务专业人才培养纳入国民教育体系。稳步推进基层公共文化服务队伍培训，建立培训上岗制度，全面提高从业人员素质。"① 按照国家的要求，建议国家"高校毕业生到农村服务计划"中增加公共文化服务方面内容，政策导向高等院校公共管理专业开设公共文化课程，培养公共文化服务紧缺人才。建立青海藏区人才交流机制，用具体政策激励省会城市和海东市的优秀文化管理骨干到青南三州挂职；藏区基层文化骨干外出挂职和接受专业培训，及时了解现代公共文化服务理念，发挥好对基层公共文化建设的引领作用。借助国家对口援建青海藏区平台，把文化业务骨干和文化管理干部的交流作为重点帮扶内容，从某种意义上讲，文化的输入和输出比经济更重要。再一个思路，可以组建青海藏区公共文化服务志愿者队伍。就青海全省的情况看，志愿者服务比较滞后，还没有成为普遍的社会行为，公共文化服务领域就更是如此，而这恰恰是应该大力拓展的领域，政府无心或无力管理的公共文化项目，完全可以放手让公共文化服务志愿者来完成，这就需要青海藏区文化行政管理和服务部门，根据当地实际制定或

---

① 中共中央办公厅、国务院办公厅印发：《关于加快构建现代公共文化服务体系的意见》（中办发〔2015〕2号），第18页。

设计助推或有益于公共文化服务志愿者队伍建设的政策措施，借社会有志之士的力量弥补政府能力的不足。

第二节 公共文化服务能力提升的路径选择

长期以来，国家是青海藏区公共文化服务建设的引导主体，各级政府是公共文化服务的实施主体，农牧民群众及社会各界是公共文化服务享受主体。这种由政府自上而下垂直供给的模式，很大程度上是依赖于政府行政权力的推动。对于地方政府来讲，即便是国家行政推力不彰显时，他们依然习惯于依赖这种推力。政府"送文化"的负面影响是难以充分考虑农牧民群众文化需求实际，文化建设的动员性、参与性也就大打折扣。其实，问题的关键不在于"送"上，而是"送什么"，即所"送文化"是否能够满足群众需求，这就是本节讨论的提升政府公共文化能力问题，主要从以下方面论及。

一 畅通公共文化服务需求诉求渠道

政府主导的传统的公共文化产品和服务供给，虽然有对民众需求的考虑，但不是以需求为导向的。现代的公共文化产品和服务供给，强调以民众的需求为基础，抑或说将民众需求置于首要位置。基于此，畅通青海藏区公共文化服务需求渠道，就成为做好这项工作的基础环节。

（一）重视公共文化服务项目可行性论证

政府公共文化服务的理念及价值，对公共文化服务的承诺，归根结底是以提供的产品和服务来诠释的，也就是说，公共文化产品供给质量直接反映公共文化服务质量，这里有一个关键问题就是政府的文化行动是否以农牧民群众文化需求为内驱力，并提供相关政策法律保障。在"下情上达"的渠道不畅通的情况下，政府可以通过公共文化服务项目可行性论证来规避"脱离群众"的风险。照此思路，国家或上级政府在对青海藏区制定和出台某些公共文化服务项目前，至少可以通过两种方式来解决政府与民众、与社会的信息不对称问题，一种是注重听取藏区基层干部和农牧民群众意见，进行项目可行性论证，不做脱离实际的强制供给决策。另一种是通过建立政府、民众、专家联合组成的藏区公共文化需求表达机制、公共决策机制和咨询系统来解决信息不对称问题，以最大限度地避免"普惠型"项目的一刀切弊端，让国家给农牧区办的好事真正受到农牧民的欢迎。鉴于农牧民群众文化程度低，基本上不识字，可由会讲双语的村社专门人员及时征询、收集、整理，并及时反馈到有关部门。对于有一定文化基础的地区，可以在基层文化站点设置意见箱或征集热线，收集老百姓的意见，切实了解他们的所思所想，并如实反映给决策部门。如果这些工作能够做实、做细，现实中的很多问题是可以避免的。

（二）重视公共文化服务项目的及时校正

国家政策在青海藏区实际运作中没有一点偏差是不现实的，面对复杂多变的情况，论证再好的项目都可能出现"水土不服"，如果能够重视对项目的后期跟踪观察，了解农牧民群众对公共文化服务设施效能的评价，并及时校正，就有可能把"水土不服"降至最低，甚至使问题得以解决，以确保公共文化投入的有效性。调研中了解到藏区基层干部的许多苦衷，上级指示必须不折不扣地执行，而且不允许项目经费捆绑使用，例如，打酱油的钱不能买咸盐。目前，国家在藏区的项目可谓五花八门，部门之间互不通气，各自为政。老百姓则不领情，用基层干部的话说就是"国家对你们这么好，又买书，又修活动室，还不知道感恩"，这个问题是值得我们好好反思的问题，就像前面论及的对于目不识丁的牧民来讲，除了转玛尼、念经等"文化"生活外，你能指望他看懂"透视美国""三侠五义"等图书吗？很显然，国家建农（牧）家书屋的初衷是好的，欲通过此形式解决西部少数民族地区老百姓看书难的问题，而如何配书的环节，却被某些利益链绑架了，这就是现实。或许，国家建一座书屋不需要多少钱（书款2万元），可加在一起呢？公共文化产品表现为政府投入，表面上免费使用，事实上消费者以纳税为代价，因此必须体现公众的意愿，公共产品的选择必须经历一个公共决策的程序，缺少这一程序的公共服务产品在理论上也不具备合法性。①

　　总之，青海藏区公共文化产品和服务供给要实现公共利益最大化，就必须以最大限度地满足农牧民群众的需求为导向，在公共文化产品生产和提供之前，能够通过专门渠道来表达受众群体的意愿。对于涉及面广的公共文化建设项目，不要急于上马，可以通过便利、有效的方式征集信息，把前期工作做细、做透。当然，青海藏区各州、县情况不尽相

---

① 张楠：《纵横结构的公共文化服务体系模型建构》，《浙江社会科学》2012年第3期。

同，要建立差异化文化参与机制，而不是一个模子、一哄而上。

二　构建藏区公共文化服务资源共享机制

（一）州级"四馆"借力，县级"三馆"整合

在公共文化服务资源有限的情况下，最经济的做法是整合现有资源，通过优化基层公共文化产品和服务以及设施，增加公共文化的有效资源总量，实现共建共享。以青海藏区各州、县的博物馆、图书馆、文化馆、群艺馆为例，各自都是掌握了部分资源，而且还存在重叠，有的县一级场馆干脆就是搭架子，这就是我们提出整合的理由。在我们看来，至少州一级的公共文化场馆可以互相借力，减少低层次项目建设造成的资源浪费。县一级公共文化项目由于受人口规模的影响，如一个常住人口不到1.5万人的县，完全没有必要在公共文化场馆建设上面面俱到，否则就是一种浪费。当然，各县情况不一样，"三馆"（图书馆、文化馆、群艺馆）整合依托主体要因地制宜，前提就是以强合弱，最大限度地优化青海藏区基层公共文化组织结构，减少协调合作成本，让不同层级公共文化机构共享资源最大化，不同区域、不同类型和级别的文化事业单位之间架构起畅通的交流和沟通渠道。如县级文化场馆可以同民营文艺表演团体建立长期合作机制，免费或低价为民营文艺表演团体提供排练和演出场地，联合举办文化活动。在由县级文化部门举办或采购的送戏下乡项目和重大节庆文艺活动，可以加大对民营文艺团体节目的采购力度，让谙熟当地文化传统、深受农牧民群众喜爱的文艺团体承担更多演出任务，并纳入青海藏区重点院团

予以扶持。

（二）不同渠道同类文化项目整合共享

诸如，党员活动室、农（牧）家书屋、村级文化活动室（中心），其中除了党员活动室（中组部项目）是面向基层党员群体，其他两类的对象完全一样。而实际中的情况是，上述三类"学习阵地"在青海藏区基层都没有被很好利用，即使是条件最好的党员活动室，也没有摆脱应付检查和选择性开放的状况。至于农（牧）家书屋或村级文化活动室的情况，前面章节专门讨论过。所以，我们认为可以在人烟稀少的地区，整合不同渠道同类文化项目，当然，这需要放在深化文化管理体制改革的大框架下进行，就事论事是无法推行的。公共文化资源的整合，关键是人才资源的整合。否则，增加再多的机构、人员，也难以根治人浮于事的顽疾。

三　完善藏区公共文化服务绩效评估机制

从青海藏区而言，国家财政对公共文化事业支持力度逐年加大，但对这些文化项目缺乏有效监管，缺乏必要的项目评价机制，"项目效益"彰显不足，有些纯粹就是摆设，而且是很低层次的摆设。加强青海藏区公共文化产品和服务供给的内部运行控制与外部监督体系，可以从一个方面促进藏区公共文化产品质量和效率的提高。国家《关于加快构建现代公共文化服务体系的意见》强调："建立公共文化机构绩效考评制度，考评结果作为确定预算、收入分配与负责人奖惩的重要依据。加强对重大文化项目资金使用、实施效果、服务效能等方面的监督和评估。完善服务质量监测体系，研究制定公众满意度指标，建立群众评价和反馈机制。"① 结合青海藏区实际，借鉴国内一些成熟做法，公共文化绩效评估体系可从三个层面设计。

（一）投资评估

投资评估解决的是事前防范的问题。政府管理绩效的很大一块是投资绩效问题。从青海藏区公共文化建设的实践看，不同层级尤其是上级文化管理部门，应摒弃重项目投资、轻项目收益的投资管理导向，强化"成本效益"意识，建立科学可行的"预算——投资——产出——评估"藏区公共文化投资运行评估机制。国家对藏区包括青海的投资政策非常优惠，很多情况下甚至是不计成本，在"稳定压倒一切"的政治形势下，就更是如此。国家大把大把地花钱，权力寻租下，官员可以大把大把捞钱，干部热衷项目，于公说，有项目才有投资；于私说，有项目才有可能寻租，掌握"尚方宝剑"的投资方也就成了"菩萨"得被供着。现在，中央对各行各业公权力约束的力度加大，使得不少基层干部对争取国家项目兴趣不大了，"懒政"的出现让我们从另一个层面认识到以前投资存在的随意性问题。

（二）绩效评估

提高青海藏区公共文化产品和服务质量，满足农牧民群众文化需求，是政府公共文化建设的导向。逐步健全藏区公共文化建设管理水平与绩效评估体系，有助于增进供求双方沟通了解，解决信息不对称，提升公共文化服务体系的内涵

---

① 中共中央办公厅、国务院办公厅印发：《关于加快构建现代公共文化服务体系的意见》（中办发〔2015〕2号），第16—17页。

水平。绩效评估主要是事后管理，所谓"亡羊补牢"。主要有三个评价方。

第一，藏区农牧民群众为主体。以此来推动享受公共文化产品和服务的主体有可能对藏区公共文化参与管理，真正体现政府公共文化建设的价值。为此，考核体系应下移至乡镇一级，对国家和本省投资建设的各类公共文化项目工程的群众满意度进行测评，对文化设施社会效益进行考察，从源头上加强对基层文化基础设施建设的监督管理，最大限度地减少政府投入不当造成的公共文化服务低效甚或浪费。

第二，当地政府为主体。即以青海藏区公共文化产品和服务供给绩效为主旨的考核评价系统，给公共文化服务同等待遇，与义务教育、公共医疗、社会保障等基本公共服务一并纳入政府绩效评价体系，对公共文化部门提供的服务项目、服务质量、服务方式、民众满意度等实施定期考核，并作为地区经济社会发展质量的重要尺度。为此，政府还应该通过公共文化服务问责制，对公共权力进行监督以及对过失权力进行责任追究，确保政府职能正当运行。

第三，"第三方评估机构"为主体。国家《关于加快构建现代公共文化服务体系的意见》提出："探索建立公共文化服务第三方评价机制，增强公共文化服务评价的客观性和科学性。"① 对于青海藏区来说，这是一个全新的课题。在今后公共文化发展之路上，公共文化建设成效如何，不再由文

---

① 中共中央办公厅、国务院办公厅印发：《关于加快构建现代公共文化服务体系的意见》（中办发〔2015〕2号），第17页。

化主管部门一家说了算，而是引入第三方评估机构"说了算"。从国际经验来看，第三方评估机构在独立性、权威性、专业性方面有其他评估主体难以比拟的优势，因此，引入第三方机构为政府公共文化绩效评估主体势在必然。如何推进，研究者提出如下思路可供青海藏区借鉴：其一，政府包容开放，主动为第三方评估主体提供信息，以确保绩效评估科学、专业；其二，政府适度放低登记门槛或准入条件，给予一定的资金支持，扶持第三方评估机构发展；其三，优先吸纳高校、科研机构等科研单位作为第三方评估主体，逐步拓宽第三方评估主体范围。[①] 此种公共文化评估框架下，第三方评估机构的效能将成为关键因素。

（三）监督体系

提升青海藏区公共文化产品和服务供给能力，仅有绩效评估体系还不够，还必须建立完善与之配套的监督体系，包括党委、政府、社会服务对象、新闻媒体、"第三方评估机构"等多元构成的监督体系，重心是强化社会监督，因为政府监督政府，就算监督得再好，也是"同体监督"。从理论上说，科学、完整、高效的公共服务监督体系，应该包括监督主体、监督内容、监督方式和监督权威四个主要内容。[②] 结合青海藏区实际，目前，首当其冲的是在完善监督主体上做好文章，否则其他的无从谈起。

第一，以省人大和民族自治地方人大为主体的监督。其

① 芦苇、林琼：《第三方作为地方政府绩效评估主体的逻辑分析与优化》，《管理观察》2014 年第 28 期。

② 陈奇星：《平衡与优化：完善我国公共服务监督体系的思考》，《中国行政管理》2013 年第 10 期。

中的"教育科学文化卫生委员会"，应承担更多对政府基本公共文化建设的监督工作，诸如对政府公共文化预算及其财政运作情况进行审查监督；对藏区民众普遍关注的重大公共文化建设项目，及时介入并进行监督，等等，以真正的有为来保障有位。

第二，以省政协和民族自治地方各级政协为主体的监督。在协商民主的政治框架下，政协在国家治理中的作用越来越凸显。从青海的实际看，三江源生态保护、青海湖湿地治理等关乎全局的重大问题，政协都发挥了重要作用。在公共文化建设方面，政协也同样可以发挥特殊民主监督作用，对青海藏区公共文化建设予以应有关注，特别是对基层公共文化工程项目存在的问题及时反馈，以务实的工作渗透到藏区公共文化服务均等化实践。

第三，以社会公众为主体的监督。包括公共文化服务对象、新闻媒体、承担公共文化绩效评估的第三方机构等。从全国的情况看，政府公共管理和服务包括公共文化领域，越来越受到社会各方面的监督，但这看似不成问题的话题，在青海藏区却不尽然，2008年以来，有愈演愈烈之势。症结就在于藏区的维稳，即所谓的"涉藏"宣传问题，为了政治利益的需要，所有与藏区有关的话题，都可能被敏感化，此种情形下，社会公众对政府公共文化建设的监督被附加了很多条件和很大成本，因而也就成为监督主体的最薄弱环节。按照国家建立现代公共文化服务体系要求，青海藏区必须在"敏感前置"状态下走出来，让农牧民群众的知情权、参与权、监督权落到实处，自觉接受监督；承担维护社会公平正义的新闻媒体，也应充分担负起职责；越来越成气候的第三方机构，更应该本着为国家、为老百姓负责的精神，发挥监督作用，保证广大农牧民群众能够享受到真正的公共文化服务。

第四，以各级财政、审计、监察部门为主体的监督。为了保障青海藏区政府公共文化服务质量，省上和民族自治地方财政、审计、监察部门，要对国家和地方政府公共文化服务重大财政项目进行监督管理，并形成客观公正的评议报告，以最大限度规避公共财政支出风险，实现社会效益最大化。对藏区公共文化建设中出现的各种违法违纪行为，不能在"稳定压倒一切"的借口下息事宁人，而是要严格追究责任，严肃处理。

四　因地制宜搭建公共文化服务载体

（一）积极挖掘保护和合理利用青海藏区传统文化资源

青海藏区立体多样的自然环境和经济形态，使其民族文化独具特色，与其他地区有很大的不同。文化是最能体现民族性和区域性的载体，体现着一定民族、一定区域最持久和最本质的活力，它显示出独特的文化特点和精神内涵。优良的文化生态环境是涵养一个国家、一个民族文化软实力的丰厚土壤。[1] 青海藏区雄厚的民族文化土壤可以成为政府公共文化建设的民间文化基础，我们可以通过挖掘蕴藏在青海藏区传统文化中的精髓，来使其成为公共文化产品的本土基因并精心培育，开发出具有内生动力、贴近当地农牧民群众生

---

[1]　关桂霞：《各美其美多元共生和谐发展——青海民族文化发展的几点认识》，《青海社会科学》2012 年第 4 期。

活的文化产品，这也就是前面谈到的政府不能只是单一地"送"文化，更要"种"文化。政府必须强制向农牧民"送"的文化产品，如国家核心价值观、国家法律法规及基本政策、思想道德教育等，如果能够与青海藏区民族民间优秀文化承接，以农牧民群众喜闻乐见的形式出现，就会更有生命力。"菜单式"的送文化方式可以有效解决信息不对称问题，促进供需充分对接，只有农牧民群众明确自己享有的权利，提供者明确自己的责任和义务，公共文化建设领域存在的"错位""移位"就不难解决，从而保证文化产品的供需平衡。

（二）通过本土性文化人才挖掘为农牧民喜闻乐见的特色文化活动

散布于青海藏区的"民间艺术家"，其艺术养分直接来自民间，和农牧民群众有着天然的亲和力和相通性，在民间文化的传承和发展中起骨干和桥梁作用。如格萨尔民间艺人、热贡唐卡民间艺人等，都是保护弘扬青海藏区非物质文化遗产的重要力量，特别是对濒临失传文化项目的保护有着举足轻重的作用。故此，必须重视加强青海藏区民间民族文化人才的挖掘和培养，充分发挥他们在传承民族民间文化方面的特殊作用，逐步打造一支扎根本土、热爱民族文化艺术的稳定的队伍，以此激发青海藏区自身的文化活力，引领农牧民群众的文化自觉，形成科学文明、健康向上的生活方式和生活风尚，这可以说是青海藏区文化可持续发展的内生动力和社会能量。海南州贵南县沙沟乡石乃亥村民间艺术团，在州、县、乡三级文化主管部门的支持下，经过短短几年努力，培养出近千名民间艺术人才，他们不仅为当地老百姓进行歌舞表演，而且，走向全国 20多个省市、自治区，在传播藏民族文化的同时，增加了经济收入，被青海省评为全省劳务输出先进单位，被中宣部、文化部评为全国服务农民、服务基层先进单位。从这里走出去的歌手仁青卓玛在广东省举办的第十届"百歌颂中华"歌咏比赛中获得总冠军。果洛以格萨尔说唱艺术闻名于世，掘藏、神授、吟诵、闻知、圆光、智态化艺人类型齐全，全州现有格萨尔艺人 168 名，其中 16 名艺人分别被命名为国家级和省级传承人；8 处民间格萨尔文化保护中心，19 家艺人传习所，24 家格萨尔民间藏戏团，他们的传承创作和传播，是果洛格萨尔文化保持活态传承的重要力量。2015 年 4 月11 日，果洛州甘德县吾勤广场，一场名为《赛马称王》的格萨尔藏戏在此上演。身着古代藏族武士装，头盔、铠甲、战袍披挂齐整的演员们，都是来自该县德尔文村的牧民。在这个村，从六七岁的孩童到白发老者，几乎人人都会说唱格萨尔，其中一些非常知名，格萨尔掘藏大师谢热尖措、唱不尽《格萨尔》的说唱家昂仁、写不尽《格萨尔》的格日尖参享誉果洛乃至整个藏区。格日尖参被果洛州政府吸收为国家工作人员，在州群艺馆专门从事格萨尔艺术创作，已创作出 32 部格萨尔史诗，在政府支持下出版了 25 部。① 这就是民间层面的文化力量。

（三）建立文化市场多层立体协管体系

一是职能部门主管。针对藏区文化市场管理重点难点领

---

① 本报"走基层看发展"果洛采访组：《流淌着格萨尔史诗的文化长廊》，《青海日报》2015 年 4 月 27 日。

域，分部门分层级实施对文化市场的管理，如对基层文化市场出现的非法宣传品，必须从印制发行渠道进行监管，否则是查不胜查，收不胜收。对于基层职能管理部门而言，必须重心下移，主要由乡镇主管领导负责，协同文化、工商、公安等部门力量，组成权责配置合理、监督落地的治理队伍，有效防止具体管理中的交叉重叠、互相扯皮、脱节失控，真正实现系统治理、综合治理的目的。

二是行业协会协管。在多主体治理框架中，政府不可能成为管理公共文化的"全能主体"，而是需要让渡一部分权力给社会，充分发挥文化行业协会的作用，解决因职能边界和权力边界不清导致的"费力不讨好"问题。政府在公共文化领域的角色应该是有能力的"有限"政府，政府如果能够给予适度的妥协、合作，那么文化行业协会等主体的作用就有了发挥的空间。基于此，青海藏区各级政府可以根据藏区文化经营项目的民族特色与区域重点，指导和组织经营者及从业人员建立公共文化行业协会，以规范化的管理、市场化的运作、"良币驱逐劣币"的竞争，形成以行业协会协管为要义的政策和激励机制，以弥补政府管理的不足。

三是社会监管。任何一项公共政策、公共事业，如果没有当地老百姓的关注，就有可能成为政府的"一厢情愿"，青海藏区文化市场的监管同样如此，群众不仅是作为政府监管的对象而存在，更应该是与政府合作的主体，政府有关部门可以通过建立社会奖励基金，动员农牧民群众举报非法文化经营活动，合成整体的社会监督效应。

第三节　需要处理好的几种关系

从青海藏区公共文化发展趋势看，政府、市场、社会，在产品和服务供给方面的合作会越来越紧密，按照国家全面深化改革的目标，政府主导、市场配置、社会参与的多元化治理模式，将成为青海藏区公共文化服务体系发展的方向。政府作为公共文化产品和服务供给体系的核心，构建适应现代社会发展、满足藏区民众需求的公共文化服务体系，需要处理好政府与市场、政府与社会、政府与文化事业单位等之间的关系，以实现公共文化建设的最大公约数。

一　政府与市场："掌舵者"与"划桨者"①

在传统的公共文化管理模式中，政府作为公共文化产品和服务供给的垄断者，因缺乏竞争而造成资源低效配置，掌管决策或管理的官员，存在追求个人利益而损害公共利益的巨大寻租风险。在这种管理模式下，即便是廉洁的政府，也往往是把有限的时间和精力用在"划桨"等具体操作性细节上，而忽视了"掌舵"等方向性任务，政府干了许多管不了、管不好的事情也就"顺理成章"。党的十八届三中全会《中共中央关于全面深化改革若干重大问题的决定》，讲到市场与政府之间的关系时提出"使市场在资源配置中起决定性作用和更好发挥政府的作用"的新表述，是在强调，市场起

---

① 张良：《政府主导、社会参与、市场配置：农村公共文化服务体系建设的理想模式》，《理论与现代化》2012 年第 4 期，第 28 页。

决定性作用不是完全市场化，因为市场在社会服务领域不是万能的，它并不能很好地解决公共文化产品供给，所以，还必须"更好发挥政府的作用"。政府在公共文化服务供给中的职责定位应由"划桨"转变为"掌舵"①，具体到青海藏区，有这样几个切入点。

其一，准确定位政府职责。前面的章节反复提及，政府是青海藏区公共文化建设的核心，担负着保障农牧民基本文化权益的职责，但这不意味着政府就是直接生产者和供给者。长期以来，包括改革开放以来的很长时间，青海藏区关涉"公共性"的各项事务，政府和社会都认为应该由政府包办，在公共文化建设方面更是如此。自然，在传统经济体制下，这种服务方式有一定的合理性，但是在市场经济不断完善的社会条件下，越来越暴露出它无法保障民众基本文化权益的弊端。所以，今天政府作为"掌舵者"，必须对青海藏区公共文化建设，担负起组织协调管理的职责，制定保障公共文化服务体系健康运行的政策法规、公共文化服务实施规则与标准，以良好的制度环境约束和限制市场的盲目性与自发性，实现公共文化服务公平与效率的双赢。

其二，与市场有效合作。在青海藏区公共文化产品和服务供给上，政府是当然的投资主体，国家及地方政府对关乎农牧民文化素质、关乎藏区长远发展的公共文化项目必须以公共财政投资为主。对于一些"法无禁止"的公共文化服务领域，原则上可以允许并鼓励文化企业参与，这既可以缓解

① 刘吉发、吴绒、金栋昌：《公共文化服务供给的企业路径：治理的视域》，《技术与创新管理》2013 年第 5 期。

国家和地方政府公共财政压力，又可以借助企业在解决公共文化服务需求方面的优势，改变政府垄断造成的公共文化服务低质低效状况。

其三，合作方式多元。在全面深化经济体制改革的条件下，即便是市场体系发育程度较低的青海藏区，农牧民群众多样化、多层次、多方位的文化需求，也应该借助市场来满足，市场越来越多地成为人们进行个性化文化消费的主要场所。政府与市场已然由单纯的管理与被管理关系，发展成合作伙伴关系，那么，合作方式就应该是多元的，这一点在第六章讲青海藏区公共文化供给模式时专门讨论过，如有委托生产、合同外包、特许经营等，最终目的在于通过发挥市场机制的作用，实现青海藏区公共文化资源的良好配置及经济效益和社会效益的有机统一。

二 政府与社会：官民合作共同治理

20 世纪 90 年代公共治理理论的兴起，打破了国家与社会二元对立的传统思维惯式，强调国家、市场、社会的三维架构，国家作为治理主体，应该与社会组织建立依赖、合作的共赢关系，鼓励非政府部门参与社会公共事务治理。党的十八届三中全会，提出实现国家治理体系和治理能力现代化的改革目标，这构成了社会力量参与公共文化服务的理论支撑。

政府提供公共产品和政府生产公共产品属于两个不同概念，"萨瓦斯在《民营化与公私部门的伙伴关系》中列出了十种制度安排，认为供给和生产是可以分离的。私人会出于更大的市场效益、广告效益或政治目的等来提供公共产品。

如在医疗、教育、救济和慈善方面，有些可以比政府提供更大的社会福利和更高的经济效率"①。青海藏区公共文化领域的官民合作共治具有广阔的空间，同时也面临着诸多困难，需要逐一突破。

第一，树立共治理念。常言道，思想是行动的先导。政府要与民合作，就必须首先破除长期以来对社会偏见的思想积弊，给藏区社会留出适度空间，重视培育各种民间非营利性组织，依据法律赋权放宽民间非营利性组织登记备案的门槛，使其有机会为青海藏区公共文化服务担责。在"共治"框架下，藏区各级政府要厘清与民间社会组织的权责关系，按照"法无授权不可为"原则，依法设定政府权利职责和社会组织的权利义务。尽管在"维稳"的政治生态下困难重重，也使社会管理潜在着一定风险，但不尝试就永远没有进步。

第二，主动作为。从成本与收益的角度考量，在青海藏区，并非政府提供越多的公共文化产品就越有绩效，关键是要看与农牧民群众实际的文化需求及消费理念是否相贴切相契合，并发挥了内在的功能和效益。这从另一个层面告诉我们，官民合作共同治理的可能性和必要性。青海藏区政府，可以围绕公共文化产品和服务供给，主动寻求与热心公益文化事业的社会主体真诚合作的途径，并重视培育其自治能力，在此基础上，选择性地退出一些公共文化服务领域。社会主体也要主动发挥"自身处于'政府'和'市场'中间

---

① 贾晓璐：《简论公共产品理论的演变》，《山西师大学报》（社会科学版）研究生论文专刊，2011 年 5 月。

第三区域的优势，提供政府和市场失灵情况下无法生产供给的公共文化产品和服务"①。

第三，优化环境。青海藏区属于"非排他性""非竞争性"的公共文化产品和服务，投资大、生产周期长，即便是国家出台优惠的税收政策，以逐利为经营目的的企业，对基层公共文化产品很可能缺乏进入动力，即所谓"市场失灵"。此种情况下，政府对那些具有合法性的以服务公众为宗旨，不以营利为目的的社会组织，可以通过积极政策促其提供政府和市场都无法有效解决的公共文化产品和服务，同时运用经济、法律手段逐步完善管理和监督机制，以保证其提供的公共文化产品和服务，得以安全高效地服务于藏区民众多层次和多样化的文化需求。

三　政府与文化机构：管办分离、政事分开

长期以来，青海藏区文化体制的改革远远滞后于经济体制改革，各级文化事业单位，一方面承担着大量公共文化管理、公共文化服务、公共文化产品生产供给等"公共性"职能，另一方面又与政府职能交叉、权责模糊，造成效率低下。在今天国家提出建设现代公共文化服务体系的新形势下，政府垄断文化资源的格局，政府对文化组织机构的绝对掌控力难以为继，如何处理好政府与文化事业单位之间的关系，做到政事分开、管办分离，成为青海藏区文化领域深化改革的关键环节。

---

① 张良：《政府主导、社会参与、市场配置：农村公共文化服务体系建设的理想模式》，《理论与现代化》2012 年第 4 期，第 29 页。

第一，政府依据法律权限，厘清与文化事业单位的权利义务关系。对青海藏区各级文化机构，政府哪些该管，哪些不该管，管到什么程度，要有一个清晰的界定。国家《关于加快构建现代公共文化服务体系的意见》提出，"按照关于深化文化体制改革和推进事业单位分类改革的要求，理顺政府和公益性文化事业单位之间的关系，探索管办分离的有效形式。进一步落实公益性文化事业单位法人自主权，强化公共服务功能，增强发展活力，发挥公共文化服务骨干作用"①。这些要求为青海藏区公共文化的改革指明了方向，政府对公共文化的管理，主要体现在管规划布局、管政策法规、管市场秩序。具有企业法人资格的经营性文化单位，按照法人治理结构，实行自主经营、自负盈亏、自主发展。

第二，文化机构要勇于"断奶"。正确处理政府与文化机构之间的关系，政府必须积极推进自身职能转变，改变文化主管部门长期以来既当"裁判员"又当"运动员"的局面，把注意力由主要办文化转向公共服务和社会管理。与此同时，文化事业单位或文化机构也要同步跟进，既然政府不再是公共文化资源的绝对供给者，那么，也就再没有必要对政府保持一种严格行政意义上的服从，应该自主行动，积极作为，拓展公共文化发展空间，为藏区农牧民群众办好文化事业。

第三，多管齐下。管办分离、政事分开，意味着政府必须由习惯于以行政手段为主的管理，转变到以法律、行政、

① 中共中央办公厅、国务院办公厅印发：《关于加快构建现代公共文化服务体系的意见》（中办发〔2015〕2号），第15页。

经济乃至技术等的综合治理，不断提升公共文化事业政策调节和市场监管能力，"实现政府文化管理部门由管治型向公共服务型转变，由全能型向有限型转变，由权力型向责任型转变"①。

四　文化事业与文化产业：互济共振

《国家"十二五"时期文化改革发展规划纲要》专门就加快发展文化产业做出具体部署，"构建结构合理、门类齐全、科技含量高、富有创意、竞争力强的现代文化产业体系，推动文化产业跨越式发展，使之成为新的经济增长点、经济结构战略性调整的重要支点、转变经济发展方式的重要着力点，为推动科学发展提供重要支撑"②。国家《关于加快构建现代公共文化服务体系的意见》提出："鼓励有条件的公共文化机构挖掘特色资源，加强文化创意产品研发，创新文化产品和服务内容。""积极发展与公共文化服务相关联的教育培训、体育健身、演艺会展、旅游休闲等产业，引导和支持各类文化企业开发公共文化产品和服务，满足人民群众多层次的文化消费需求。"③这些都从国家层面表达了在重视文化事业发展的同时，还要重视文化产业的发展，这是我国文化体制改革和文化建设的重要内容，也是全面建成小康

---

① 张良：《政府主导、社会参与、市场配置：农村公共文化服务体系建设的理想模式》，《理论与现代化》2012年第4期，第30页。

② 中共中央办公厅、国务院办公厅印发：《国家"十二五"时期文化改革发展规划纲要》，新华网2012年2月16日发布。

③ 中共中央办公厅、国务院办公厅印发：《关于加快构建现代公共文化服务体系的意见》（中办发〔2015〕2号），第8页。

社会的基本要求。2011 年 11 月，青海省相继发布的《关于加快文化改革发展建设文化名省的意见》《青海省"十二五"文化发展规划》《青海省人民政府关于实施"十二五"文化建设"八大工程"的意见》等，都对文化事业和文化产业的协同发展进行了细致安排，并把文化产业发展水平作为公共文化产品丰富性的一个重要衡量标准。2014 年，全省文化产业单位达 8000 个，从业人员 20 万人以上，产业增加值达到 43.53 亿元，占全省生产总值比重的 2.07%，① 这是一个不小的成绩，但从青海藏区实践情况看，需要进一步明确认识，处理好文化事业和文化产业的关系。

其一，明确文化事业同文化产业是互济不悖的。一般而言，我国文化建设包括文化事业和文化产业两部分。从上述青海文化发展规划看，文化事业主要包括公共文化基础设施、公共"四馆"建设（图书馆、博物馆、文化馆、纪念馆）、广播电视、文化遗产保护等公益性文化事业；文化产业主要包括民族工艺美术、歌舞演艺、出版印刷、音像制品、艺术培训和文化旅游等传统文化产业；文化创意、数字出版、移动媒体、动漫产品等新兴业态。由此可见，文化事业同文化产业是互补相济、并行不悖的。发展文化产业的目的，是开发或引导人们对潜在的文化产品与服务的消费市场，发展文化事业的目的是为社会提供公益性的文化产品和服务。② 从运作方式讲，政府主导文化事业发展方向，市场

---

① 李欣：《"八大工程"为青海建设文化名省插上腾飞的翅膀》，《青海日报》2015 年 6 月 8 日。

② 庞德英：《实现文化和谐要正确处理五大关系》，《池州学院学报》2009 年第 1 期。

主导文化产业发展方向，目的都是为社会和公众提供更多更好的文化产品。青海藏区各级政府特别是基层政府，要避免在这两大维度中的顾此失彼或者厚此薄彼。

其二，明确文化产业市场主导并不是任性趋利的。文化产业作为"朝阳"产业，已日渐成为国民经济的一个新的增长点。"经营性文化产业的市场性并没有完全改变它特有的公益文化性质，文化产业是内容产业，它特定的内容和便捷的传播渠道在丰富公民精神文化生活和传播消费文化的同时，也承载着传播公益文化的功能。"[①] 青海藏区是我国民族宗教文化资源富集地，依托这一优势，青海省及藏区各级政府围绕"四区两带一线"构建特色文化产业发展格局。但在发展过程中，一些地区对传统文化资源的开发利用存在竭泽而渔的现象，为了一时的市场利益而破坏了传承已久的民族工艺，发展前景令人担忧，如热贡地区的唐卡艺术产业，从业人员素质参差不齐、代表性传承人数量不足、认定及考核困难，但市场对唐卡需求非常大，据 2014 年年底统计，同仁县有热贡文化企业 78 家，从业人员 1.6 万人，实现产业收入 3 亿元[②]，隆务镇吾屯村，热贡艺人占到全村总人口的90% 以上。在这种市场前景下，一些艺人和经销商就出现趋利行为，政府对这些问题要及时引导，阻断"看不见手"对艺术市场的任性，引导藏区文化产业健康发展，自觉履行社会责任。

---

① 程建平：《公益性文化与经营性文化的社会价值辨析》，《河南社会科学》2006 年第 5 期，第 146 页。

② 本报"走基层看发展"黄南采访组：《文化热贡，令人神往的地方》，《青海日报》2015 年 2 月 25 日。

其三，明确管理方式是不同的。区分文化产业与文化事业的一个重要目的，是对文化发展的不同形式采取不同的管理方式。在市场经济条件下，文化具有商品和非商品两种形式。市场化的文化可以按照产业化模式进行经营，文化管理部门要鼓励其进入市场，积极营造公平竞争的政策法律环境，使本地的文化产业在市场的比较优势中提升核心竞争力，增加经济价值。同时，藏区各级文化管理部门要加强对文化产业的正确引导，对发展中存在的负面因素及时进行滤化治理，对与社会主义核心价值观不相符的、品位低下的文化产品和服务，及时进行矫正。基于此，对于青海藏区各级文化管理部门来讲，要分清文化事业和文化产业的基本属性，特别是那些只能半市场化运作的文化产品和服务，需要界定清楚文化管理部门的权利边界和管理方式，避免不作为或乱作为。

总上，青海藏区公共文化产品和服务供给的制度设计和路径选择，既要和国家发展公共文化事业的大政方针相一致，按照建立现代公共文化体系的要求统揽全局，制定与社会发展进步相契合的规划和方略，同时，又要充分考虑地域特点和民族文化基座，实事求是，因地制宜，建立完善城乡一体的公共文化发展运行网络和以政府为主导的多元供给主体与社会合作机制。我们期待并相信青海藏区在"十三五"时期，公共文化建设会迈上更高一个台阶，本书提出的问题和意见建议也正是基于此。

主要参考文献

著作类：

［英］爱德华·B. 泰勒：《原始文化》，连树声译，广西师范大学出版社 2005 年 1 月版。

［新加坡］阿努拉·古纳锡克拉、［荷兰］塞斯·汉弥林克、［英］文卡特·耶尔主编：《全球化背景下的文化权利》，张毓强等译，中国传媒大学出版社 2006 年版。

陈威编：《公共文化服务体系研究》，深圳报业集团出版社 2006 年版。

陈瑶主编：《公共文化服务：制度与模式》，浙江大学出版社 2012 年版。

郝时远、王希恩主编：《中国民族区域自治发展报告》，社会科学文献出版社 2011 年版。

吉狄马加主编：《青海建设文化名省的理论与思考》，青海人民出版社 2012 年版。

李景源、陈威等：《中国公共文化服务发展报告》，社会科学文献出版社 2007 年版。

［美］露丝·本尼迪克：《文化模式》，王炜等译，社会科学文献出版社 2009 年版。

李克郁:《土族(蒙古尔)源流考》,青海人民出版社1992年版。

刘吉发、金栋昌、陈怀平:《文化管理学导论》,中国人民大学出版社2013年版。

马克思、恩格斯:《马克思恩格斯全集》第2卷,人民出版社1979年版。

毛少莹:《论公共文化服务中的共同治理结构》,载陈威《2008年深圳文化蓝皮书》,中国社会科学出版社2009年版。

世界银行:《2000/2001年世界发展报告》,中国财政经济出版社2001年版。

石国亮、张超、徐子梁:《国外公共服务理论与实践》,中国言实出版社2011年版。

青海省情编委会:《青海省情》,青海人民出版社1986年版。

[英]托马斯·霍布斯:《利维坦》,黎思复、黎延弼译,商务印书馆1985版。

于雷:《空间公共性研究》,南京大学出版社2005年版。

[澳]休·史卓顿、莱昂内尔·奥查德:《公共物品、公共企业和公共选择》,黄邵辉等译,经济科学出版社2000年版。

[古希腊]亚里士多德:《政治学》,吴寿彭译,商务印书馆1983年版。

[英]亚当·斯密:《国民财富的性质和原因的研究》,郭大力、王亚南译,商务印书馆1983年版。

[英]亚当·斯密:《道德情操论》,谢宗林译,中央编

译出版社 2009 年版。

严正德等主编：《青海大百科全书》，中国财政经济出版社 1994 年版。

张忠孝编：《青海地理》，青海人民出版社 2004 年版。

［英］朱利安·勒·格兰德：《另一只无形的手：通过选择与竞争提升公共服务》，韩波译，新华出版社 2010 年版。

中共中央国务院发文：

中共中央办公厅、国务院办公厅：《关于进一步加强公共文化服务体系建设的若干意见》（中办发〔2007〕21 号）。

《中共中央关于深化文化体制改革、推动社会主义文化大发展大繁荣若干重大问题的决定》（单行本），人民出版社 2012 年版。

胡锦涛：《坚定不移沿着中国特色社会主义道路前进为全面建成小康社会而奋斗》（单行本），人民出版社 2012 年版。

《中共中央关于全面推进依法治国若干重大问题的决定》，载《党的十八届四中全会〈决定〉学习辅导百问》，党建读物出版社、学习出版社 2014 年版。

《习近平在中央民族工作会议上的讲话》（中央文件），2014 年 9 月 28 日。

中共中央办公厅、国务院办公厅印发：《关于加快构建现代公共文化服务体系的意见》（中办发〔2015〕2 号）。

《国家"十二五"时期文化改革发展规划纲要》，新华网 2012 年 2 月 16 日发布。

《国家基本公共服务体系"十二五"规划》，中央政府门户网（http：//www. gov. cn，2012 - 07 - 20）。

国务院办公厅转发《关于做好政府向社会力量购买公共文化服务工作的意见》（国办发〔2015〕37 号），中国政府网·政务，2015 年 5 月 11 日发布。

《国家基本公共服务体系"十二五"规划》（2012 年 7 月 11 日），中央政府门户网站（http：//www. gov. cn，2012 - 07 - 20）。

期刊类：

陈浩天：《公共文化服务的治理悖论与价值赓续》，《华南农业大学学报》（社会科学版）2014 年第 3 期。

董明涛、孙钰：《农村公共产品供给方式的选择路径研究》，《西安电子科技大学学报》（社会科学版）2011 年第 1 期。

冯华、谢雁娇：《准公共物品视角下的国有文艺院团改革发展建议》，《国家行政学院学报》2012 年第 6 期。

傅才武：《中国文化管理体制：性质变迁与政策意义》，《武汉大学学报》（人文科学版）2013 年第 1 期。

关桂霞：《西部民族特性与民族政策教育》，《攀登》2005 年第 1 期。

高永久、陈纪：《中华民族共有精神家园的内涵与价值核心》，《科学社会主义》2008 年第 2 期。

关桂霞：《各美其美多元共生和谐发展——青海民族文化发展的几点认识》，《青海社会科学》2012 年第 4 期。

关桂霞：《青海民族关系发展态势研究》，《青海民族大学学报》（社会科学版）2013 年第 4 期。

何启林、关桂霞：《青海农牧区文化信息资源共享工程调研》，《青藏高原论坛》2013 年第 4 期。

何建华：《马克思与罗尔斯的公平正义观》，《伦理学研究》2011 年第 9 期。

纪宝成：《弘扬中华优秀传统文化建设民族共有精神家园》，《教学与研究》2008 年第 4 期。

荆晓燕：《提升基层公共文化服务水平的路径研究》，《行政论坛》2013 年第 4 期。

金雪涛、于晗、杨敏：《日本公共文化服务供给方式探析》，《理论月刊》2013 年第 11 期。

贾晓璇：《简论公共产品理论的演变》，《山西师范大学学报》（社会科学版）研究生论文专刊，2011 年 5 月。

李少惠、王苗：《农村公共文化服务供给社会化的模式构建》，《国家行政学院学报》2010 年第 2 期。

李少惠、穆朝晖：《非政府组织参与西部农村公共文化产品供给的路径分析》，《四川师范大学学报》（社会科学版）2010 年第 5 期。

刘书雁、翟玉晓、戴同斌：《关于公民科学素养的几点思考》，《科技创业》2011 年第 2 期。

刘淑兰、郑逸芳、韦娜：《福建农村公共文化产品供需状况的调查与分析》，《经济研究导刊》2011 年第 9 期。

李少惠、余君萍：《西方公共文化服务体系综述及其启示》，《图书馆理论与实践》2012 年第 3 期。

刘润玲：《对加强农牧区公共文化设施建设的思考》，《群文天地》2012 年第 3 期。

刘吉发、吴绒、金栋昌：《公共文化服务供给的企业路径：治理的视域》，《技术与创新管理》2013 年第 5 期。

鲁占奎：《青海省公共文化建设存在的问题及对策》，《攀登》2014 年第 5 期。

毛少莹：《发达国家的公共文化管理与服务》，《特区实践与理论》2007 年第 2 期。

浦文成：《青海各民族和谐相处的历史文化根基和基础条件》，载青海省委统战部主编《青海省创建民族团结进步先进区的理论与实践》，人民出版社 2014 年版。

阙培佩：《我国农村公共文化产品供给研究综述》，《四川行政学院学报》2011 年第 1 期。

齐勇锋、李平凡：《完善公共文化服务体系提高国家文化软实力》，《中国特色社会主义研究》2012 年第 1 期。

荣跃明：《文化生产论纲》，博士学位论文，复旦大学，2009 年。

孙健：《西北民族地区农村公共文化服务体系的完善——以青海为例》，《青海社会科学》2011 年第 2 期。

索晓霞、蒋萌：《试论民族地区公共文化服务体系建设的特殊性》，《贵州民族研究》2012 年第 4 期。

孙亮：《青海省文化信息资源共享工程建设现状及对策》，《群文天地》2012 年第 6 期。

唐亚林、朱春：《当代中国公共文化服务均等化的发展之道》，《学术界》2012 年第 5 期。

万林艳：《公共文化及其在当代中国的发展》，《中国人民大学学报》2006 年第 1 期。

吴泓、张震：《法国借鉴及中国公共文化服务体系构建路径——从法国音乐节和巴黎沙滩节说起》，《现代经济探讨》2012 年第 9 期。

王海燕：《政府力量：公共文化服务体系的建设主导》，《甘肃社会科学》2013 年第 4 期。

王晴：《公共图书馆参与公共文化服务体系构建的 SWOT 分析及对策研究》，《天津商务职业学院学报》2013 年第 1 期。

王载册、钟丽萍：《论公共文化服务的基本性》，《江汉论坛》2013 年第 10 期。

王红阳、王俊：《当前农村公共文化产品供给状况分析》，《理论界》2013 年第 12 期。

许建业、陆忠海：《当代中国文化共享工程与基层公共文化服务的发展》，《艺术百家》2010 年第 7 期。

薛薇、张明喜、郭榕：《准公共科技产品的供给新模式》，《高科技与产业化》2011 年第 6 期。

尹华、蒋泓：《以人为本——公共行政精神的基本价值目标》，《辽宁行政学院学报》2006 年第 9 期。

杨静：《马克思主义视角下的西方公共物品理论批判性解读》，《教学与研究》2009 年第 8 期。

肖蓉：《论新农村公共文化服务长效机制创新》，《商业时代》2011 年第 1 期。

夏洁秋：《文化政策与公共文化服务建构》，《同济大学学报》（社会科学版）2013 年第 1 期。

袁雪松、卢璐：《纯度视角下公共文化产品供给机制探讨》，《常熟理工学院学报》（哲学社会科学版）2010 年第 9 期。

于思瑶：《公共文化服务体系研究综述》，《对外经贸》

2012 年第 6 期。

亓鋆：《新农村建设与公共文化产品供给》，《人民论坛》2011 年 7 月中，总第 333 期。

张晓明、李河：《公共文化服务：理论和实践含义的探索》，《出版发行研究》2008 年第 3 期。

周伟洲：《中华文化与中华民族共有精神家园的建设》，《民族研究》2008 年第 4 期。

左然：《构建中国特色的现代事业制度——论事业单位改革方向、目标模式及路径选择》，《中国行政管理》2009 年第 1 期。

张天学：《农村公共文化产品的供给现状分析及对策建议》，《农村经济》2010 年第 6 期。

张天学、阚培佩：《我国现行农村公共文化产品供给的制度困境与对策》，《理论月刊》2011 年第 5 期。

张士威：《论基于区域公共产品分类的供给模式选择》，《辽宁行政学院学报》2011 年第 9 期。

张良：《政府主导、社会参与、市场配置：农村公共文化服务体系建设的理想模式》，《理论与现代化》2012 年第 4 期。

张良：《文化参与机制：公共文化服务建设的制度供给——以宁波市鄞州区为分析对象》，《学习与实践》2012 年第 7 期。

朱云、包哲石：《我国公共文化服务市场化视阈下的政府规制研究》，《世界经济与政治论坛》2013 年第 3 期。

张喆：《我国公民文化素养研究》，《齐鲁工业大学》2013 年 5 月。

报纸网络类：

本报"走基层看发展"黄南采访组：《文化热贡，令人神往的地方》，《青海日报》2015年2月25日。

本报"走基层看发展"果洛采访组：《流淌着格萨尔史诗的文化长廊》，《青海日报》2015年4月27日。

才朗东主：《万玛才旦第五部藏语电影〈塔洛〉五一开机》，《青海日报》2015年6月12日。

《电影〈桑吉卓玛〉顺利杀青》，《青海日报》2015年4月3日。

黄瑾辰、董瑾基：《塑造家园的灵魂——格尔木公共文化服务体系建设纪实》，《青海日报》2015年6月12日。

焦闻轩：《创新改革跨越——"十五"以来青海交通发展成就综述》，《青海日报》2015年7月13日。

建军、林有珠：《共和精准扶贫减少1.64万贫困人口》，《青海日报》2015年7月29日。

李欣：《青海网络广播电视台、青海藏语网络广播电视台上线》，《青海日报》2015年3月30日。

李欣：《第四批国家级"非遗"项目代表性传承人我省17位民间艺人位列其中》，《青海日报》2013年1月15日。

刘建民等：《政府"埋单"，社会力量承办》，《青海日报》2015年3月21日。

李欣：《"八大工程"为青海建设文化名省插上腾飞的翅膀》，《青海日报》2015年6月8日。

李欣：《"八大工程"为青海建设文化名省插上腾飞的翅膀》，《青海日报》2015年6月8日。

乔欣：《本土藏族题材电影〈桑吉卓玛〉昨日首映》，《青海日报》2015年3月28日。

《"十二五"海西公共文化服务体系建设取得新成效》，青海省海西蒙古族藏族自治州人民政府网站2015年12月21日。

王宥力：《我省人均体育场地面积高于全国水平》，《青海日报》2015年8月3日。

建军、姜灵惠：《藏语电影〈白牦牛〉在共和县开拍》，《青海日报》2015年8月2日。

文化部：《关于鼓励和引导民间资本进入文化领域的实施意见》（文产发〔2012〕17号），文化部网站·政策法规，2012年6月28日发布。

文化部：《文化部"十二五"时期文化改革发展规划》，《中国文化报》2012年5月11日。

魏爽：《文化惠民，为百姓生活添彩》，《青海日报》2015年2月27日。

解丽娜：《全省新农村新牧区建设2015年八项实事工程进展顺利》，《青海日报》2015年7月25日。

苑玉虹：《产业扶贫，搅动富民强村活水：我省全力打好扶贫攻坚战述评》（上篇），《青海日报》2015年7月27日。

苑玉虹：《区域扶贫，阔步在阳关大道——我省全力打好扶贫攻坚战述评》（中篇），《青海日报》2015年7月28日。

张海虎：《让"中华水塔"坚固又丰沛——三江源生态保护建设工程综述》，《青海日报》2015年3月22日。

朱西全:《我省为 23 个公共图书馆配发流动图书车》,《西海都市报》2015 年 7 月 8 日。

张海虎:《托举藏区发展大民生——藏区发展,在新的历史起点上》(中篇),《青海日报》2015 年 7 月 25 日。

后　记

2002 年至今，本人相继主持完成国家社科基金课题 3 项，其中《青海藏族聚居区公共文化产品和服务供给研究》（批准号：12AMZ003）于 2015 年 10 月提交鉴定，2016 年 6 月获准结项，鉴定等级良好，本书就是以该成果为基础进行了修改完善，感谢国家社科基金给予的扶助和支持，感谢专家们提出的宝贵建议，也总算给自己和关心自己的人一个交代。其实，"公共物品""公共文化产品""公共服务"等问题并非自己专业所长，涉及公共经济学、公共管理学等学科理论与方法，本课题研究地域虽然仅限青海藏区，但"公共文化产品和服务供给"本身就是一个宽泛庞杂的话题，这点在课题申报时估计不足，当开始调研并进入实质性研究时，才体会到"无知者无畏"的妄为。好在如期完成了研究任务。

十分感谢一路陪我走来的同事，他们给了我科研"亢奋"的动力，科研处的杜敏学教授，为课题的完成付出了大量心血，承担了部分章节的撰写工作；我所在教研部的同仁，为我能够专心研究分忧解难，精通藏汉双语的索南旺杰老师在基层调研时担任翻译，架起了研究和情感的桥梁，这

227

一切都让我深切体会到团队的温暖及力量。

十分感谢为课题调研提供帮助和便利的基层党校领导，像果洛州委党校的才桑杰校长，不辞辛劳全程陪同调研，并担任我与基层百姓交流的使者，每每于此，就让我想起一些看似不相干的话题："母语的生存空间""双语的地位""民族干部"的特殊性。

十分感谢党校学员提供的帮助，特别是思想的分享，他们工作在一线，最懂基层、最懂农牧民群众，即便是一些不经意的交流都能让我体会和学习到我们缺失的东西。

十分感谢本人所在单位中共青海省委党校、青海省行政学院、青海省社会主义学院，为课题研究提供了制度保障和宽松环境，特别是近10年来，学校领导高度重视科研工作，在财力并不宽裕的情况下，出台了一系列激励机制，尽可能地提供资金支持，本书能够出版正是得益于校院学术著作出版资助项目。饮水思源。组织是个人成长的强大后盾，如果没有这一点，个人的愿望是很难实现的。所以，今天，无论境遇是否改变，无论人生是否精彩，感恩之心没有改变。借此机会，真诚感谢所有教诲、指导、帮助过我的领导和朋友们，时至今日，都在努力践行着你们的期望，不敢懈怠。

十分感谢中国社会科学出版社的支持，特别是本书责任编辑刘艳女士，对书稿进行纠错、修润，尽心尽责，令人钦佩。感谢家人的呵护和支持，人生如果没有你们同行，事业如果没有你们欣赏，再亮丽的风景、再精彩的故事，都将索然无味。

最后，还要特别说明的是，由于研究能力和时空局限，支撑书稿完成的调研，都是在某一个时间点上进行或完成的，研究过程中使用的材料抑或数据，无法与实际情况完全同步，从这个意义上讲，我们在研究中提出的一些问题和一些看法，都只能说是一种相对时间点上的相对认识，包括提出的一些建议，有的国家已付诸实践，如《中华人民共和国公共文化服务保障法》，已于2016年12月25日第十二届全国人民代表大会常务委员会第二十五次会议通过，2017年3月1日起在全国施行。青海省也根据国家最新政策法律出台了相关措施。本书稿论及的内容，只是为以后的研究提供一定的基础和积累。学术研究没有止境，永远在路上。

关桂霞

2017年6月于西宁